# 英語で教える英文法

場面で導入、活動で理解

卯城祐司 USHIRO Yuji ── 編著

TEACHING GRAMMAR IN CONTEXT

研究社

## はしがき

　本書の構想は、30数年以上前の私の新卒教員時代に遡ります。当時、大学を出たばかりですぐに都市部の進学高校に赴任したさい、私のほかの英語科教員はみなベテラン揃いでした。当然、公開授業はいつも私が担当となり、地域の高等学校の英語教員が集まる大きな研究大会から中高連携の研修会、指導主事訪問まで含めると、数ヵ月に1度はそのような役割が回ってきました。

　そのさい、一番頭を悩ませたのは授業の導入でした。取り扱う教科書本文の内容はもちろん、ターゲットとなっている文法事項をいかに自然な場面で取り入れるかに苦心しました。文法事項の中には、教室という限られた空間での導入が難しいものもあり、また、場面は面白くともターゲットの文法がうまく合致しないことも多々ありました。洋画のスクリプトやペーパーバックを眺めたり、ALT に相談をしたりしながら何度も試行錯誤を繰り返す中で、「この文法事項は、このような場面で導入することができる」、そんな導入場面をすべての文法事項で網羅した本が手元にあれば、と何度も思ったものです。

　その後大学に転出し、助言者として各地の公開授業に参加する機会を得て、ますますその思いは強くなっていきました。たとえば進行形ひとつを例にとっても、ある先生は、クラスの卓球部の生徒とやりとりして、「じゃあ放課後じゃなく、今、卓球をやろう」と誘い、教卓の上でその生徒と卓球をしながら "We are playing ping-pong." という形で進行形を導入されました。また、別の先生は、紙飛行機を折る場面を実物投影機で大型テレビに映しながら、"I'm folding my paper in half long ways." などと英語の進行形で表現し、実際にその紙飛行機を教室で飛ばしてみせました。このような導入場面によって、教室全体がその中に引き込まれ、また、文法項目も自然に用いられることになります。

　一方、学習指導要領の中で、コミュニケーション能力の育成が強調されても、高等学校などでは相変わらず、英文法の時間を設け、先生が解説し、

その後練習問題の答え合わせをするという授業が多く行われているようです。「英語の授業は英語で」と謳われても、「リーディング指導のさいの意味の確認はどうするのか」という疑問とともに、「文法の指導はどうするのか」という問いが、英語で授業を進められない理由として挙がるようです。もちろん、文法解説はさらっと日本語で進めたほうが理解も早いでしょう。本書で紹介する「英語で教える英文法」も、文法の解説などを含めてすべて英語で授業を進めることを目指しているわけではありません。本書が目指しているのは、文法規則について説明できる知識ではなく、あくまでも場面に応じて適切な文法規則を活用できる英語力を育てることなのです。

　本書では、文法が「コミュニケーションを支えるもの」であるとの考えに立ち、文法事項を「場面で導入」することにより、言語活動と効果的に関連づけ、コミュニケーションに有機的につながる文法指導を目指しています。もちろん、実際には上記のように説明をさらっと日本語で行うこともあり得ますが、英語で行う部分や暗示的な導入を中心に紹介しています。そのさい、できるだけ教室の中や、教室にいる人物に関わる出来事などから場面を考えるように努めました。

　また、その文法項目を実際に使えるようになるためには、文法解説でもドリルでもなく、「活動で理解」することが重要であると本書は強調しています。文法事項の導入から、自然な場面で生徒が文法事項を使うような活動までの流れの中で、「使える英文法」が身につくはずです。

　「場面」を意識した英文法の指導方法を中学・高校で教えられる主な文法項目を網羅しながら紹介する本書が、コミュニケーション能力を高める授業の実現に、そして本当に英語の力を身につけた生徒が一人でも育つために役立つことがあれば幸いです。ただし、教室はそれぞれ異なります。本書で提示するのはあくまで例です。それをヒントに各教室でアレンジすることが、教室における文法指導の幅を広げ、質を高めていくと考えます。

　最後になりましたが、本書を刊行する機会をくださった研究社のみなさまにお礼申し上げます。特に編集の津田正氏には、辛抱強く原稿をお待ちいただき、また今回も読み手の立場から多くの示唆をいただきました。この場を借りてお礼を申し上げたいと思います。

2014 年 6 月

卯城　祐司

# 目　次

はしがき───────iii

## 第1章　新指導要領で求められる英語教育────1
1. 4技能の総合的な育成・統合的な活用と英語による授業───2
2. 言語の使用場面の重視と活動を通した理解───6
3. コミュニケーションを支えるものとしての文法───14

## 第2章　コミュニケーションにつながる文法指導とは───19
1. 文法指導の思いこみ───20
2. 英文法を英語で教える実践───24
3. コミュニケーションと関連した文法指導───31
4. 明示的説明と誤りの指導───36

## 第3章　場面で入る英文法指導の実践17：中学校編───39
1. be動詞───40
2. 一般動詞、3単現の-s───44
3. 代名詞───52
4. 助動詞(can)───56
5. 助動詞(must, should, have to)───63
6. 進行形(現在進行形)───69
7. 過去形(be動詞、一般動詞、過去進行形)───75
8. There構文───81
9. when / if / that 節───86
10. 不定詞───92

- 11. 動名詞 ──────────────────────── 98
- 12. 文型(**SVOC, SVOO, SVC**) ─────────── 104
- 13. 比較表現 ──────────────────── 110
- 14. 受動態 ───────────────────── 118
- 15. 現在完了形 ──────────────────── 124
- 16. 分詞の後置修飾 ─────────────── 130
- 17. 関係代名詞 ───────────────── 136

## 第4章　場面で入る英文法指導の実践10：高等学校編 143

- 1. 原形不定詞 ───────────────── 144
- 2. 助動詞＋完了形 ──────────────── 150
- 3. 過去完了形 ───────────────── 156
- 4. 現在完了進行形 ──────────────── 163
- 5. 関係代名詞の what ──────────── 169
- 6. 関係副詞 ──────────────────── 173
- 7. 関係詞(非制限用法) ─────────── 179
- 8. 仮定法過去 ───────────────── 185
- 9. 仮定法過去完了 ──────────────── 191
- 10. 分詞構文 ───────────────── 197

## 第5章　英文法力の評価 ─────────────── 203

- 1. パフォーマンス評価 ─────────── 204
- 2. 定期テストでの文法評価 ──────── 210
- 3. 自己評価・相互評価 ─────────── 217

参考文献 ────── 223
索　　引 ────── 225
編著者・執筆者紹介 ────── 228

# 第1章
# 新指導要領で求められる英語教育

# 1 4技能の総合的な育成・統合的な活用と英語による授業

## 1.1 技能の習得と活用

　高等学校学習指導要領解説では、外国語科(英語科)の各科目の目的として「言語に関する技能そのものの習得」が挙げられています。ところが、日本のように英語を外国語として学ぶ EFL 環境では、教室の外でも買い物や案内・掲示などである程度英語を用いるような「第二言語としての英語」を使う ESL 環境とは大きく異なり、児童・生徒が日常生活の中で英語を使用する機会は非常に限られています。このため、授業の中で英語にふれる機会をできるだけ多くするとともに、その習得や活用については、緻密な計画に基づいた段階的な指導が必要です。

　小学校における外国語活動はあくまでコミュニケーション能力の素地を養うことであり、語彙や表現の定着や「〜ができるようになる」など、いわゆる技能の高まりを目指したものではありません。「〜しようとする」「〜に気づく」「〜に慣れ親しむ」などが目標となっていますが、これらのコミュニケーションを体験できる授業が中学校から高等学校への英語学習の下支えとなるように構想されていることは間違いありません。

　続く中学校の英語の授業では、小学校における英語やコミュニケーション活動への慣れ親しみを受けて、知識・技能を活用する言語活動を行うことが求められるようになります。ただし、各領域の指導事項において、基本的な技能の習得も忘れてはなりません。たとえば「聞くこと」では「強勢、イントネーション、区切りなど基本的な英語の音声の特徴をとらえ、正しく聞き取ること」、「話すこと」では「強勢、イントネーション、区切りなど基本的な英語の音声の特徴をとらえ、正しく発音すること」、「読むこと」では「文字や符号を識別し、正しく読むこと」、「書くこと」では「文字や符号を識別し、語と語の区切りなどに注意して正しく書くこと」(『中学校学習指導要領　外国語』)とあるように、基本的な技能は、言語材料(語彙、文法事項、連語など)とともに習得を図るべき学習内容です。

　たとえば、桶に入ったお寿司のイラストを指しながら Do you like *sushi*? などと生徒に尋ね、クラス全体でリピートするような活動は、文法事項の

基礎的・基本的な知識や技能の「習得」にあたり、「言語材料についての知識や理解を深める言語活動」と言えます。クラス全体の深まりがみられたら、次に、「日本茶」「コーヒー」「コーラ」「トマトジュース」「野菜ジュース」など何枚かのイラストを用いて、グループで Do you drink Japanese tea? Yes, I do. I like Japanese tea very much. / No, I don't like Japanese tea. などインタビュー活動を行い、クラス内でのランキングを調査する活動なども可能となります (*Sunshine 1*, p. 32)。これらは、基礎的・基本的な知識や技能の「活用」にあたり、「考えや気持ち、事実などを伝え合う言語活動」の入り口に位置します。現実のコミュニケーションに一歩近づいた活動と言えるでしょう。

「習得」型の活動では、知識や技能にふれ、学び、身につけ、「活用」型の活動では、「習得」型で習い覚えた基礎的な知識や技能を活用して、日常生活で遭遇するような課題を解決するための表現力などを育みます。コミュニケーション能力の基礎の育成にあたっては、この「習得」と「活用」のどちらの活動も大事で、また、必要に応じて、これらの活動を行きつ戻りつ繰り返していくことになります。

## 1.2 4技能を総合的に育成し、統合的に活用すること

指導要領では、4技能（「聞くこと」「話すこと」「読むこと」そして「書くこと」）の特定の技能に偏らず、これらを総合的に伸ばしていく授業を目指すことも求められています。中学校では、旧学習指導要領で「聞くこと」「話すこと」が重視されて以来、特に「聞くこと」の技能の伸びが認められますが、基本的な文構造や語彙の活用や、内容的にまとまりのある文章を書く力の不足が指摘されていました。また、高校では逆に「聞くこと」「話すこと」を中心とした指導が十分とは言えず、せっかく中学校で伸ばしてきたこれらの技能が育つような授業が行われていないことが課題でもありました。

特に、旧学習指導要領でも同様でしたが、新学習指導要領においても文法だけに焦点を当てて指導するような科目は存在しませんが、文法規則をコンテクストのある言語活動とは関連づけず、まずはルールと操作をまとめて学習させたいとの意識が教室現場には強く、指導要領で言われている

ことと実態とは大きく乖離しています。

　新学習指導要領では、必履修科目の「コミュニケーション英語Ⅰ」ですべての文法事項を扱うこととなっていますが、もちろん文法事項の形式的な操作ではなく、日常のコミュニケーション場面のコンテクストの中で、その文法事項に気づき、その後形式に焦点を当てて指導することが求められます。

　一方「統合的に活用する」とは、2つ以上の技能を絡めて活動する場面を設定することを指します。これまで、「聞くこと」「話すこと」「読むこと」「書くこと」の活動が個別に行われることがしばしばでしたが、それらが積み上がるような形でコミュニケーション能力が育つことはありませんでした。日常生活においては、授業の中で聞いたことを家に帰って両親に話すとか、新聞で読んだことをメールに書いて誰かに伝えるなど、複数の技能を合わせて用いることのほうが多いようです。このような活用を念頭に置くことにより、教室の中に、より日常生活に近い場面や活動が生まれることになります。

　すなわち、「生徒Aさんから聞いた内容を、自分なりのことばで生徒Bさんに伝える活動(Listening → Speaking)」、「教科書で英文を読む前に、同じ内容のニュースをウェブ上で聞く(Listening → Reading)」、「黒板の前で友だちが行うプレゼンテーションを聞いて、その主張を書き取っていく(Listening → Writing)」、「教科書本文を読んだ後に、自分のことばで友だちに伝える(Reading → Speaking)」、「教科書に載っている英文を読み、その前に起こったことや、その後に起こるであろうことを推測して書く(Reading → Writing)」、「話すべきポイントなどを書いた後、それを参考にプレゼンテーションを行う(Writing → Speaking)」など、その活動は尽きることがありません。

　たとえば、中学校の教科書の例では、「将来の夢を語ろう」というプロジェクトの中で、プロゴルファーの石川遼選手が小学校6年生のときに書いた「将来の夢」と題する作文を読むことから始まる活動があります。作文は「2年後、中学2年生、日本アマチュア選手権出場」から始まり、「8年後、20歳、アメリカに行って世界一大きいトーナメント、マスターズで優勝」まで日本語で書かれています(実際に、そのすべてが夢にかなり近い形で実現されていきます)。次に、その作文をもとにした英語のスピーチ原

稿を読んで、「はじめに(opening)」、「展開(body)」、「結び(ending)」などの構造を学ばせます。さらに、将来の夢をマッピングした例と、それをもとに書かれたスピーチ原稿を読ませたうえで、それを参考に自分なりに将来の夢をマッピングし、50語程度のスピーチ原稿を書かせて友人の前で語らせます(*Sunshine 2*, p. 77)。この活動では「読むこと」からCDを用いて「聞くこと」、そしてスピーチ原稿を「書くこと」から、さらに友人に「話すこと」まで、統合的な活動が可能となります。

## 1.3　英語で進める授業の中での英文法指導

　高等学校の新学習指導要領は「(英語の)授業は英語で行うことを基本」とすると述べています。また、2013(平成25)年12月に発表された「グローバル化に対応した英語教育改革実施計画」の中では、中学校においても「授業は英語で行うことを基本とし、内容に踏み込んだ言語活動を重視」するとしています。

　英語の授業が英語で行われることについては、すでにふれたように外国語として英語を学ぶ日本のような環境にあっては、英語にふれる機会が少ないことが前提としてあります。学校外で英語を学ぶ一部の生徒を除けば、家庭学習以外に生徒が英語にふれる機会は教室だけとなります。1人で机に向かう家庭学習とは異なり、実際に学んでいる英語を用いてコミュニケーション活動ができるのが教室です。しかし残念ながら、英語「について」の解説はあったものの、実際に英語にふれたり、用いたりする機会が十分でないのがこれまでの日本の英語の授業でした。

　しかし、「英語で授業を進めること」に難しさが存在することも事実です。こうした授業の実践を躊躇する先生方の多くが指摘するのが「リーディング」指導とともに文法指導の難しさです。リーディング指導における訳読の問題は取り上げるまでもありませんが、文法指導が始まった途端、時代が逆戻りしたかのように、授業がすべて日本語で行われることはもちろん、先生の説明を聞き、黒板に書かれた書き換え問題をノートで解いているような静止した授業が行われることが多かったのが現実です。

　このような授業を進めておられた先生方の中には、This is called the past subjunctive mood. We use this in contrary-to-fact clauses that state imaginary or hypothetical conditions. などのように「文法用語まで含めて英語で教えるのか」という誤解を抱かれている方もおられます。ここで確認しておかなければならないのは、仮定法過去という名前を英語にしたり、操作の手順を英語で示したりすることが、授業を「英語で進める」ことではないことです。日本語で進めてもつまらない授業は、英語に置き換えたとしても同じです。Open your textbooks. Repeat after me. など教室英語からスタートして徐々に英語を増やすことは大事ではあるのですが、指示だけが英語の授業は、たとえそれらの英語で授業がいっぱいとなったとしても、やはりつまらない授業であることに変わりはありません。

　本書の副題である「場面で導入、活動で理解」には、文法説明と書き換え・穴埋め問題をやらせるだけで英文法が定着すると考えられていたこれまでの概念を覆そうという思いが込められています。大事なのは「形」「意味」だけでなく「場面」を考えた文法指導です。そのさい、日本語使用をまったく排除するわけではないとしても、英語で教えられる部分はかなりあります。導入場面や理解のための活動などで十分英語が用いられていれば、文法用語や説明などはさらっと日本語で済ませてしまうことも可能です。さらに、理解のための活動を生徒がペアやグループで行うことによって、生徒が中心となる活動・授業が生まれることになります。

## 2　言語の使用場面の重視と活動を通した理解

### 2.1　場面を意識した活動

　コミュニケーションにつながる特定の文法項目を活用するといっても、そういうコミュニケーションの場をすべての文法事項に関して設定することは実は難しいものです。そこで「形」「意味」のシラバスを念頭に、新学習指導要領でも強調されている「場面」の要素を付け加え活動を行うことが求められます。

　「場面」のない英文法の導入は、たとえると音を聞かずに音譜を読むようなものでしょう。経験豊かな上級者であれば、自分の体の中で音符から音を再現することができるかもしれませんが、音楽をまさに学ぼうとしてい

る学習者にはその音や曲の流れ、美しさにこそ最初にふれさせるべきでしょう。その後に、楽譜の解説が続くはずです。「場面で導入」する英文法の指導でも、英語を用いた実際のやりとりが最初に提示されます。その中で、特定の文法形式があるメッセージを伝える役割を果たしていることに気づくことができます。文法のルールを学ぶよりも先に、コミュニケーションにおけるその表現の働きを知ることになります。

ただし、それぞれの文法形式は、様々な場面や登場人物に用いられます。どのような「場面」を選んで提示するかが非常に大事な選択となります。そのヒントとなるのが、学習指導要領に示されている「場面」です。

学習指導要領解説では中・高合わせて6学年を通して、取り上げるべき「言語の働き」と「言語の使用場面」が例示されています。「言語の働き」とは、いわゆる「概念・機能」の「機能」に当たり、その言語項目を用いて、相手にどんなメッセージを送りたいのかという点に焦点が当てられています。「言語の使用場面」は、その言語項目が用いられる典型的な場面のことで、さらに「特有の表現がよく使われる場面」と「生徒の身近な暮らしにかかわる場面」の2つに分かれています。その言語項目が頻出する典型的な場面と、その表現を用いる生徒にとってイメージしやすい使用場面を挙げているわけです。

たとえば中学校では、「特有の表現がよく使われる場面」として、「あいさつ」「自己紹介」「電話での応答」「買物」「道案内」「旅行」「食事」などの例が挙げられていますが、道案内では、次のような対話が示されています（『中学校学習指導要領解説　外国語編』）。

> **A:** Excuse me. Is there a post office around here?
> **B:** Let's see. Walk along this street and turn right at the next corner. You'll find it on your left.

一方、「生徒の身近な暮らしにかかわる場面」には、「家庭での生活」「学校での学習や活動」「地域での行事」などが示されています。たとえば「地域での行事」は次の通りです。

> **A:** Look! The *omikoshi* is coming.
> **B:** Wow, many people are carrying it on their shoulders. Can I join them?

中学校第1学年では、小学校外国語活動などを通してコミュニケーション活動に積極的な態度が養われたことを受けて、小学校で慣れ親しんだことのある場面の中で自分の気持ちや身の回りの出来事などを簡単な表現を使ってやりとりできるよう「身近な言語の使用場面」に配慮した言語活動を行います。

第2学年では、第1学年でとりあつかった言語の使用場面をさらに広げ、物事について判断したりした内容などの中からやりとりできるような話題を取り上げます。

そして第3学年では、第1・第2学年で取り上げた言語の使用場面をいっそう広げて、様々な考えや意見などの中からやりとりができるような話題を取り上げます。

外国語として英語を学ぶ日本では、学んだ英語を教室外で用いる機会はほとんどありません。となると、可能な限り自然に英語が用いられているような場面を授業の中で作り出していかなければなりません。そのきっかけとなるのが4技能の総合的な指導、統合的な活用でしょう。複数の技能が用いられることで、日常に近いようなコミュニケーション場面が生まれます。その中で、ある文法形式を用いる社会言語的な意味も、あるいは付随するジェスチャーなどのノンバーバル・コミュニケーションなども学んでいくことになります。

## 2.2　概念・機能シラバス

ここでシラバスの問題にもふれておきましょう。シラバスには主に文法（構造）シラバス（Grammatical Syllabus）、場面シラバス（Situational Syllabus）、話題シラバス（Topic Syllabus）、概念・機能シラバス（Notional-functional Syllabus）などがあります。

文法シラバスは、構造シラバス、文型シラバスとも呼ばれ、その名の通り、文法項目からなるシラバスで、日本の中学校・高等学校の教科書はほぼこのシラバスから構成されています。

場面シラバスは状況シラバスとも呼ばれますが、「空港」「機内」「入国」「買い物」など場面からなっていて、それぞれの場所で用いられる表現や使用される典型的な語彙などから構成されています。英会話の教材などで見

かけるシラバスです。

　話題シラバスは、「時間割」「スポーツ」「食べ物」など、学習者にとって身近な話題をもとに構成していますが、小学校外国語活動の『英語ノート』や *Hi, friends!* などはこのシラバスに基づいて構成されています。

　以上のシラバスは、文法シラバスなら文法形式、場面シラバスなら使用場面、話題シラバスならトピックなどに焦点を当てていますが、概念(時間、量、頻度など)・機能シラバスは、学習者が学習言語を用いて伝えたい概念(依頼、謝罪、感謝など)と、その言語を用いて行う機能によって構成されています。

　「言語の使用場面を意識する」ということには、その言語項目を独立した知識として扱わないようにという狙いがあります。日本の中学校・高等学校の英語教科書は基本的に文法シラバスで構成されているとはいえ、概念・機能シラバスにみられるように、その使用場面において、ある文法項目がどのような概念について、どんな機能として働いているのかということも意識しながら、その文法項目を学ばせていくことが必要です。こうした使用場面を設定しないと、言語活動が単なるドリルに終わってしまいます。

　たとえば、ネイティブ・スピーカーが大学入試問題で満点を取ることができないということがよく話題になります。in (　　　) to 〜とあれば、私たち日本人学習者は、簡単に order を入れることができます。in order to という表現を暗記しているからです。しかし、ネイティブ・スピーカーはまずは全体の文脈を考えます。そして、あらゆる可能性を考え、その文脈に応じた空所補充方法を考えていきます。したがって、その文脈情報が少なければ少ないほど、ネイティブ・スピーカーにとっては選択肢の幅が広がり、そのために1つの表現のみに絞りきれなくなるのです。逆に言えば、即座に order と入れられる日本人学習者の英語は、場面と切り離された知識にすぎないということにほかなりません。

　英語の学習では、どのくらい語彙や表現を覚えるかということだけでは十分ではなく、「伝達能力」を育成していくうえで、言語形式を「言語機能」の中で指導することも重視しなければなりません。社会言語学などに基づくコミュニケーション重視の指導法においては、場面や状況に応じた適切な言語使用を目指してきました。場面や目的に応じて語彙や表現を取捨選択できることが、コミュニケーション能力なのです。

## 2.3　場面とともに導入する英文法

　次に、言葉で明示的な説明をしなくても動作で英文法を導入する1つの例として、栖原 昂 教諭(東京都墨田区立寺島中学校)が、2012年11月18日に語学教育研究所研究大会で行った、Harold E. Palmer の考えに基づく Conventional Conversation (定型会話)の実演の冒頭部分を紹介します。

---

**T:** （立ち上がりながら）I'm standing up.
　　（立ち上がって）I've just stood up.
　　（ペンを手にとりながら）I'm taking the pen.
　　（ペンを手にとって）I've just taken the pen.
　　（文字を書きながら）I'm writing a letter.
　　（文字を書いて）I've just written a letter.
　　（文字を消しながら）I'm erasing the letter.
　　（文字を消して）I've just erased the letter.
　　（座りながら）I'm sitting down.　（座って）I've just sat down.

　　（立ち上がって）Have I just stood up?　　　　　　Yes, I have.
　　（ペンを手にとって）Have I just taken the pen?　　Yes, I have.
　　（文字を書いて）Have I just written a letter?　　　Yes, I have.
　　（文字を消して）Have I just erased the letter?　　Yes, I have.
　　（座って）Have I just sat down?　　　　　　　　Yes, I have.

（立ち上がって）　Have I just stood up?　　　　　Yes, I have.
　　　　　　　　Have I just sat down?　　　　　No, I haven't.
　　　　　　　　What have I just done?　　　　I've just stood up.
（ペンを手にとって）　Have I just taken the pen?　Yes, I have.
　　　　　　　　Have I just written a letter?　　No, I haven't.
　　　　　　　　What have I just done?　　　　I've just taken the pen.
（文字を書いて）　Have I just written a letter?　　Yes, I have.
　　　　　　　　Have I just erased the letter?　　No, I haven't.
　　　　　　　　What have I just done?　　　　I've just written a letter.

## 2. 言語の使用場面の重視と活動を通した理解　11

| | | |
|---|---|---|
| （文字を消して） | Have I just erased the letter? | Yes, I have. |
| | Have I just written the letter? | No, I haven't. |
| | What have I just done? | I've just erased the letter. |
| （座って） | Have I just sat down? | Yes, I have. |
| | Have I just stood up? | No, I haven't. |
| | What have I just done? | I've just sat down. |

　動作とともに、様々な時制・相が用いられていますが、明示的な説明がなくとも、その用い方が一目瞭然です。「英語で英文法を教える」という場合の「英語で」の活動については、このような Palmer の考え方に基づくものや、後のパタンプラクティス的な方法がまず初期段階にあります。

　しかし、本書が提唱しているのは、その文法項目が使われる必然性が明らかで、その文法項目を含む英文の前後に自然な会話の流れがある「場面」とともに英文法を導入することです。その意味では、上記の例はまだ十分な場面があるとは言えません。

　たとえば進行形では、冬季オリンピックのさまざまな写真を手に持って、以下のようなやりとりで導入することもできます。

**T:** （写真を示しながら）What is she doing?
**Ss:** Curling.
**T:** Yes. She is playing curling. She is playing a curling match. How about this picture? What is he doing?
**Ss:** Skating.
**T:** Yes. He is skating. Can you skate? I can skate because I'm from Hokkaido. I like winter sports very much. （動作をしながら）Now, look at me. What am I doing?
**Ss:** Jumping.
**T:** Terrific. I am doing ski jumping. Am I a good ski jumper? No, I'm not.

　このほかにも、教室に遅れてくるような場面とすれば、I'm sorry I'm late. I had to stop by the nurse's office. Kenji is sick and I wanted to see how he is doing. など、助動詞の導入も自然でしょう。あるいは、誰かからコンサートに行こうとメールで誘われている場面であれば、Thank you very much.

I'd like to, but I can't. I already have plans tomorrow. とか、I'm afraid I have an important appointment this weekend. などの「断り」の表現がスムーズに導入できます。

　英語による文法事項の導入には、パタンプラクティスをすこし場面寄りにしたものから、前時で導入した項目との対比で導入するもの、インフォメーションギャップを利用したもの、ゲーム性や生徒の自由度が高いものまで様々考えられるでしょう。「英語で教える英文法」の場合には、それぞれの活動を目の前の生徒の実態に合わせて、活動の自由度(統制度)という軸と、「取り組みやすさ」という軸とでレベル設定することが必要になります。

　英文法は、その表現をいつ、どのような場面でどう使うのかが最も大事なことがらです。これを学習者に理解させるためには、教師が具体的で典型的な場面を用意することが必要なのです。そのことによって初めて、学習者は、どのような時にその表現を用い、どのような時にその表現を用いないのかが理解できます。この場面の違いが鮮やかであるほど、覚えた表現を過剰に一般化したり、自信がないため用いるのに躊躇したりということがなくなります。

　また、典型的な場面の中で導入されることにより、それぞれの場面を類型化して、それに応じた英文法表現を自ら探し出せるはずです。このように、英文法の導入にあたっては、何より、生徒にぴんとくるような典型的な場面を考え、その場面とともに提示することが大事なのです。

## 2.4　活動で理解する指導

　英文法指導の最終目標は、教室外で、場面に応じて、必要な文法形式を4技能を駆使して用いることができることです。そのためには、授業の最終段階では、その備えとしての最終シミュレーションが行われていなければなりません。

　多くの教室では、どちらかというと文法形式の操作が重視され、たとえ「場面で導入」されたとしても、その表現を用いる典型的なコミュニケーション場面を提示するところまではいっていないように思われます。実際のコミュニケーションでは、当然「形式」よりは「意味」が重視され、あ

ることをこのように伝えたいというメッセージが先にあり、それにふさわしい「形式」が選ばれます。この「意味」と「形式」のつながりが十分でないと、文法知識が「形式の操作」にとどまってしまいます。「この文法形式を用いて、英文を作りなさい」という指示でもあればともかく、日常のやりとりの中で、そのような指示は与えられませんから、実際の場でそれにふさわしい文法項目を用いることができないわけです。

「活動で理解」するというときの「活動」には「場面」が備わっています。多くの場面で活動する中で、生徒は導入で示された場面だけにこだわらず、その文法形式が一般的にどういう場面で使われるのかについても学んでいきます。

「活動で理解」することが重要なのは、その生きた場面の中での活動で生徒がたくさん間違いを犯すことができることです。現在の授業で最も深刻なのは、生徒が「間違ってはいけない」という意識を強く持ってしまっていることです。教科書の課末にあるエクササイズにあるような英作文の練習では、自分で解かずにノートを空欄にしておき、先生が正解例を板書し、それを写すような生徒も見かけます。「完全な英語が頭に浮かばなければ口を開かない」、「正解例が思いつかなければ英文を書かない」という金縛りが、日本の生徒たち、あるいは成人学習者を含めて、彼らの英語を「使う」機会や、上達する機会を奪っています。

中間言語の考え方に見られるように、私たちはある文法項目を学ぶさい、その使い方や使用場面について、自分なりの仮説を立てています。様々な場面でその文法項目を使ったり、ふれることにより、その仮説を修正しながら、次第に、その文法項目を獲得していきます。したがって、「完全な英語を身につけるまでは英語を口にしない、書かない」というのは、「間違うことによって上達する」練習の機会を自ら放棄しています。また、そのような意味において、生徒が「間違う」ということを否定的に捉えてはならず、学んだ文法項目を自分なりに理解し積極的に使おうとしているというように肯定的に評価しなければなりません。そのうえで私たち教師は、彼らの誤りに対して、これまで授業で提示してきた場面が適当であったのか、あるいは、まだまだ活動が不十分なのか見極めて、修正するための場面や活動を提示しなければなりません。

ただ単に間違いを繰り返させることが上達を保障するわけではありませ

ん。それが「形式」だけ切り離されたような練習での間違いではなく、場面の中での間違いであることが重要であることは言うまでもありません。

## 3 コミュニケーションを支えるものとしての文法

### 3.1 文法指導の位置づけ

高等学校学習指導要領の「第3款　英語に関する各科目に共通する内容等」では、文法について①～④のような点に配慮するように書かれています。

① 文法は、コミュニケーションを支えるものである。
② 文法指導は、言語活動と効果的に関連づけるべきである。
③ 用語や用法の区別などの指導が中心になってはならない。
④ 文法事項は実際に活用できるように指導すべきである。

当たり前のことがわざわざ書かれていることに驚かされます。これは、当然であるはずのことが、高校教育では十分に指導されていない、という文部科学省の現状認識を表していると考えてよいでしょう。高校現場の多くでは、オーラル・コミュニケーションの授業時間を、文法の副教材を使った問題演習の時間（OC-G）にすり替えるようなことが常態化していたことは否定できません。このような履修偽装が広く行われるようになったのは、コミュニケーション活動と文法指導は別物であり「教員の説明＋問題演習」が必要不可欠である、と考えられていたからなのでしょう。

高校では、仮定法や過去完了形のように難しい文法事項を取り扱うことになります。説明や演習が必要となることももちろんあるでしょう。しかし、従来の文法指導では説明と演習に終始してしまい、コミュニケーションと関連づけて指導することが十分とは言えませんでした。このような現状を打開するためには、どのように授業を改善したらよいのでしょうか。①～④を再構成していくと方向性が見えてくるかもしれません。①～③と④は、それぞれ次のように整理することができるでしょう。

① 文法はコミュニケーションを支えるもの。
② 文法指導は、言語活動と効果的に関連づける。
③ 用語や用法の区別などの指導中心ではいけない。
➡ 授業時間は有限である。限られた時間で「使わせながら使えるようにする」ためのコミュニケーション活動を十分に行うためには、用語・用法などの説明や演習は必要最小限に圧縮して、ことばとして英語を使いながら身につける時間を最大化する必要がある。

④ 文法事項は実際に活用できるように指導する。
➡ 文法の支えがなければ、コミュニケーションは成立しない。だから、文法指導はコミュニケーション活動と巧みに融合して、実際に使わせながら使えるようにする指導を工夫しなくてはならない。

以上に再構成したことと同趣旨のことが、Fountas and Pinnell (2001)にも書かれています。(下線や太字は引用者による)

　　Students learn by **doing**. Students learn to read by reading rather than simply **hearing about** reading.

読む力を身につけるには、実際に読むことが必要です。読むことに関する講釈にただ耳を傾けただけでは、読む力は身につきません。ここでの read は、もちろん speak / listen / write に置き換えることもできます。英語を使う場面を設定して実際に使わせなければ、使う力が身につくはずはないのです。
　日本では、英語は日常の使用言語ではありません。このような環境で外国語を身につけることは、スポーツや楽器の習得と似ているかもしれません。たとえば、泳げるようになりたい人が、プールサイドで泳ぎ方の説明を聞いただけで泳げるようになるでしょうか。泳げるようになるには、泳げないうちから水に入って実際に泳ごうとしてみることが必要です。コーチが声をからして泳ぎ方の説明をしたところで、自分で泳いでみなければ泳げるようにはなりません。これと同じことが文法学習にも言えるのではないでしょうか。教員の説明を聞いて問題演習をすれば、文法事項につい

ての知識は得られるかもしれません。しかし、それだけでは「絵に描いた餅」にすぎません。実際に使った経験がなければ、文法を駆使してコミュニケーションを行う力は身についていかないのです。

## 3.2 授業設計の再検討

　文法事項の導入から、発展的なコミュニケーション活動に至る典型的な流れとしては、次のような積み上げ式のものが考えられます。

〈理解〉　新出の文法事項を導入して理解させる。
　　　　　　　　　　　　↓
〈習熟〉　口頭練習や問題演習で文法形式に慣れさせる。
　　　　　　　　　　　　↓
〈応用〉　文法事項を使ったコミュニケーション活動を行わせる。

　しかし、このモデルの場合、「使いながら身につける」に相当するのは、最後の〈応用〉(コミュニケーション活動)の部分だけです。〈理解〉の段階では教員の提示や説明を聞いて理解することがほとんどです。〈習熟〉の段階も、形式と意味を結びつけるための型の練習が中心となるため、ことばとして英語を使っているとは言えません。どのように改善することができるでしょうか。

　最も重要なのは、コミュニケーション活動の質を高めることでしょう。現実により近い場面を設定し、自分の考えたことを表現させるような活動を考える必要があります。現実的な対話の場面を設定するには、次のような点を明確にする必要があります。

・場面(どんな場面で行われるのか?)
・話し手(どんな人なのか?　聞き手との関係は?)
・聞き手(どんな人なのか?　話し手との関係は?)
・機能(何を伝えるために話をするのか?)

このように場面や役割などを設定しなければ、現実的な言語使用とはなら

ないでしょう。

　しかし、コミュニケーション活動と言っても一様ではありません。何を主たる目的として活動するのかによって幅があります。そこでコミュニケーション活動を大きく2つに分けて考えてみることにしましょう。1つ目は、言語形式の習得を重視した「リハーサル」的な活動です。もう1つは、「言語使用の経験」により近いものです。

　まず「リハーサル」的な活動からみていくことにしましょう。コミュニケーション活動とはいえ、最初のうちは学習した文法事項を意識した活動になることは避けられません。使うことによって、文法事項を身につけさせようとするのですから当然のことです。この段階では、誤った発話が頻発しても不思議ではありません。文法規則を頭で理解して、型の練習が終わったばかりなのですから、間違って当然です。いくら丁寧に説明しても、誤りがなくなることはあり得ません。

　ここで大切なのは生徒たちの活動を注意深くモニターすることです。丁寧に観察することによって、誤りの傾向をつかむことができます。ここが、理解を深めるためのチャンスです。実際に使ってみて間違うことによって、理解できていなかった部分に気づき、その弱点を修正することができるからです。活動を通して理解を深めるためには、次のような流れで進めることが考えられます。

---

ア　現実的な場面を設定して導入を行う。導入を工夫することにより、説明は必要最小限で済むようにする。

↓

イ　文法（言語形式）を意識した口頭練習を行う。場面や意味を伴った練習をなるべく短時間で行う。時間をかけすぎない。

↓

ウ　リハーサル的なコミュニケーション活動を行う。生徒の活動をモニターして誤りの傾向を把握する。

↓

エ　共通する誤りがあれば、全体に向けて注意を喚起して説明を追加し、活動を継続する。口頭練習が不十分だと判断した場合には、もう一度イに戻って型を固めてから、ウを続ける。

エの段階がクリアできたならば、実際の「言語使用の経験」により近いタイプのコミュニケーション活動に移行します。

　文法事項は、ほぼ無意識に使えるようになってはじめて定着し内在化したと言えます。ですから、ここではできるだけ内容に意識を集中させ、文法は意識せずに活動できるように工夫します(具体例を伴った話は2章1節「文法指導の思いこみ」でさらに詳しくふれることにします)。

　さて、〈理解〉〈習熟〉の段階に話を戻しましょう。この段階も、生徒に英語を使わせながら進めることはできないものでしょうか。Harold E. Palmer が提唱した Oral Method の指導技術の一つである Oral Introduction(口頭導入)を活用することも可能です。Oral Introduction では、文法事項を導入するさいには、平易な英語を使って教員が生徒に語りかけながら進めていきます。そして、英語での問いかけに対する生徒の反応によって理解を確認します。具体的な例は2章2節「英文法を英語で教える実践」で紹介することにします。

第 **2** 章

## コミュニケーションにつながる文法指導とは

# 1 文法指導の思いこみ

## 1.1 説明重視の呪縛

　ある高校で 2 年生の授業（英語 II）を参観していたときのことです。教科書に出て来た I didn't know what it was. という文の意味を教員が、ある生徒に質問しました。ところが、その生徒は正しく答えることができません。疑問文が埋め込まれている文の構造がつかめていないようです。このような場合、皆さんだったらどのように対応しますか？

　その授業の様子を続けてみましょう。担当の教員は「間接疑問文は中学校で勉強したはずだよ……」と言いながら、黒板に向かい、

　ふつうの疑問文（V＋S…？）
　間接疑問文（S＋V…）

と大きく書いてから、Where does she live? → I don't know where she lives. というような例文をいくつか書き、SとVに色チョークで下線を引きました。それを、生徒たちは黙々とノートに書き写していきます。板書が終わると、その教員は「いいかい。大切な文法事項なんだから覚えておかなきゃダメだよ」と言って、教科書本文の解説にもどりました。板書の例文は一度も音声化されることなく、数分後には消されてしまいました。

　この授業者は「説明すればできるようになる、説明しなければできるようにならない」と信じているのでしょう。しかし、このような進め方で間接疑問文を読んだり聞いたりして理解できるようになるのでしょうか。また、書いたり話したりできるようになるでしょうか。わからないからと言っていくら詳しく説明しても事態は好転しません。説明を聞いてわかるくらいなら、とうに理解できているはずです。また、練習を全然しないわけですから、使えるようになるはずもありません。1 章 3 節でも指摘しましたが、使わなければ使えるようにはなりません。コミュニケーション活動の中で実際に使いながら使えるようにするしか方法はありません。「コミュニケーション活動は時間の無駄。そんな時間があったら問題演習を増やす」

というような従来の方法は、文法事項の定着のためには逆効果なのです。

　たとえ話をしてみましょう。道端のお地蔵さんに頭から水をかけたとします。当然のことですが、水はまったく浸み込まずに流れ落ちるだけです。しかし、スポンジに水をかけたらどうでしょう。水はどんどん吸い込まれていきます。授業はこれとよく似ています。文脈から切り離された例文と解説だけでは、生徒たちの頭はお地蔵さんの場合と変わりません。いくら説明しても定着は期待できません。しかし、説明は最小限にしてコミュニケーションの必然性がある場面を設定して使わせてみたらどうでしょう。頭で理解したはずの文法知識であっても、いざとなるとスムーズに使えないことに、多くの生徒たちは驚きや苛立ちを覚えるはずです。このような経験こそが、生徒たちの頭を乾いたスポンジのようにするのです。ここで有用なインプットを与えて、それを使う活動を行えば、吸収率や定着率ははるかに高くなるでしょう。道具箱に納めたはずの道具でも、必要だと判断したときにそれを素早く取り出して使えるようになるまでには相応の練習や実践経験が必要なのです。

## 1.2　全国的調査が示唆すること

　2010(平成22)年11月に、国立教育政策研究所が実施した「特定の課題に関する調査(英語:「書くこと」)」の分析結果は、非常に興味深いデータを示しています。これは、全国から抽出した101校の中学3年生(約3,300人)を対象として、書くことに関する「基礎的・基本的な知識・技能」と「まとまりのある文章を書く」力を調査したものです。

　「基礎的・基本的な知識・技能」の調査結果は、文法指導で改善しなければならない点を浮き彫りにしています。実際の調査問題を見ながら、考えていくことにしましょう。

　同じ対話を使った完成問題が出題されていますが、生徒たちに求められている作業は、A, Bのように異なっています。

　　A. 日本語の指示に従って、英文を書き換える問題
　　B. 対話の流れを理解して、適切な英語を考えて書く問題

この調査では、Aを「形式規定型」、Bを「形式判断型」と呼んで区別しています。このような出題形式の違いは、生徒の解答にどのくらい影響を与えるのでしょうか。

次の対話は、放課後の音楽室で交わされたものです。A, Bそれぞれの正答率(この調査では「通過率」と呼んでいる)はどうなるでしょうか？ 予測してみて下さい。

> **A. 形式規定型**： 下線部を疑問文にしなさい。
> Koji: You play the piano very well. You have played it for a long time.
> Mike: Yes. For ten years. I practice it every day.
>
> **B. 形式判断型**： 下線部に play を使った適切な英語を書きなさい。
> Koji: You play the piano very well. ＿＿＿＿＿＿ for a long time?
> Mike: Yes. For ten years. I practice it every day.

Aで Have you played it for a long time? と解答できた受験者は66.5%でした。しかし、Bの場合は15.9%にすぎません。Aの4分の1にも満たない低さです。このように大きな違いが出るのは、どうしてでしょうか。

出題形式が変わったために、生徒たちが行わなければならない作業は、次のように違ったものになります。

A. 与えられた文の意味と形を理解する。
　　→ 指示に従って、形式操作を行う。
B. Mike の発話から、Koji の質問の意味を推定する。
　　→ 考えた意味を、適切に言語化する。

AとBの決定的な違いは、使用する言語形式が明示的に指定されているかどうかです。Aに解答する場合には「現在完了形」という文法事項を意識してそれを「疑問文」に変換すれば事足ります。先ほどの道具箱のたとえにならえば、使うべき道具とやるべき作業が指定されているようなものです。ですから、「現在完了形の疑問文を作る」文法練習を行って、ルールを覚えていれば正しく答えることができるのです。

一方、Bでは言語形式を最初から意識することはできません。相手の意

図を対話の流れから判断しなければならないからです。与えられた場面や状況の中で意味を考えることが先に来ます。それから意味に適した形、つまり文法事項を判断することになります。Aよりも現実のコミュニケーションにはるかに近いことが要求されているのです。Aのような練習で道具を手に入れたとしても、使わなければ錆び付いてしまいます。どこに仕舞い込んだのかさえ忘れてしまうかもしれません。手に入れた道具は、状況から必要だと判断したらほぼ無意識に道具箱から選び出して作業できるようにならなければいけないのです。

　従来の文法指導は、Aのように「型」を身につける「リハーサル的な活動」でした。しかし、Bで求められているのは、身につけた「型」の中から必要なものを無意識に選択できる能力なのです。「現在完了形の疑問文を作る」練習の先に必要なのは、適切な場面で「型を意識せずに現在完了形の疑問文が使える」ようになるという「言語使用の経験」をさせるための活動なのです。

## 1.3　日々の授業への応用

　受動態を学習した後は受動態の文法演習を行います。しかし、次に現在完了形を学習すると今度は現在完了の演習に終始してしまい、受動態は置き去りにされがちです。しかし、これでは手に入れた道具が錆び付いてしまいます。また、このように使用する文法項目をあらかじめ特定した「型」の練習を行うだけでは不十分でした。

　動詞を例として、日々の授業で使える練習方法を紹介しましょう。進行形、完了形、受動態、不定詞、分詞、動名詞など、これらはすべて「動詞の原形を変化させた形」と考えることができます。これらの道具の大部分は、高校に入学するまでに道具箱に揃うことになります。そこで、高校で必要となるのは、道具箱から最適な道具を瞬時に選択する力をつけるための活動です。ここで紹介するのは、筆者が「虫食い音読」と呼んでいる活動です。コミュニケーション活動ではありませんが、音読練習のバリエーションとして授業で活用することが可能です。

　次の文章では、(　　　　)に動詞が原形で与えられています。文章の意味や文の構造から判断して、動詞を適切な形に変えながら音読してみて下

**24** 第 2 章 コミュニケーションにつながる文法指導とは

さい。（　　　　）内は 1 語であるとは限りません。鉛筆は置いて、瞬間的に判断しながら音読してみて下さい（答えは、5 章 2 節に出ています）。

> An American had a plan ( *build* ) flatboats ( *support* ) the temples so that when the water rose, the temples would also rise. A British scientist suggested ( *leave* ) the temples under the water so that we could see them as in an aquarium. In November 1963 the Egyptian government ( *make* ) a decision.
> The plan which they finally ( *decide* ) was to move the temples to a cliff 64 meters above.
> —*Crown English Course I*（平成 18 年度版），Lesson 3 より。

「動詞 suggest の目的語は、不定詞でなく動名詞」ということを頭でわかっているだけでは、A British scientist suggested leaving the temples … という文を瞬時に口に出すことはできません。ほぼ自動的に出てくるようになるまで、折にふれて練習しなければ身につくことはありません。

このように正確さを高める基礎練習は、コミュニケーション活動の中で使いながら文法を身につけていく活動と両輪のような存在です。教科書で読んだ英語を身につけるためには、文法説明を聞いたり問題演習をするよりも、はるかに効果的で実践的な方法だと言えるでしょう。

## 2　英文法を英語で教える実践

### 2.1　何を英語で行うのか

従来の英文法指導は、〈板書やプリントを使って、形式と意味を解説する〉→〈問題演習によって定着を図る〉というような手順で行われてきました。英語で進める授業に対して「文法指導を英語で行うことに意味があるのか。生徒たちは理解できるのか」という批判を耳にすることがあります。このような意見は、従来の手順をそのまま「英語に移し替える」授業を想定しているために出てくるのでしょう。

このような授業が実際に行われているのを目にしたことがあります。教

科書の本文中に While *walking* along the street, I happened to meet an old friend of mine. という文があり、それを取り上げて理解させる場面でした。この文を板書してから、次のような解説が英語で行われていました。

> **T:** This is a special type of "participial construction." But this sentence has a conjunction at the beginning. There are two words omitted between the conjunction and *walking,* a present participle. What are omitted?

この授業では、英語の仕組みについての「メタ言語的な説明」を英語で行っています。このような解説を英語で行えば、分詞構文(participial construction)、接続詞(conjunction)、現在分詞(present participle)などの文法用語を英語で言わざるを得ません。専門用語を使って英語で解説を行うのですから、生徒たちが理解するのはきわめて困難です。

　もちろん、解説が必要なこともあるでしょう。しかし、それを無理に英語で行う必要はありません。英語で進める意味があるのは、「生徒たちに英語を使わせる」ときです。現実的な場面で実際に使わせながら、意味と形式を身につけさせていくのです。このような活動を設定すれば、英語でのやりとりを通して文法を理解し、それと同時に、使うためのリハーサルをすることが可能となります。結果として、明示的な文法指導は必要最小限に圧縮することができます。英語で進めることによって、新教材の提示(presentation)、理解の確認(comprehension)、活用練習(practice)を一体化することができるのです。

## 2.2　Oral Methodから学ぶ

　たとえば、次のような現在進行形「についての解説」を英語で進める必要がないことは、先ほど指摘しました。

> **T:** We use *the present progressive* to talk about "actions and situations happening at the moment of speaking." We don't use *the present progressive* to talk about "habits." For "habits," we use *the simple present*.

それでは、現在進行形を「使いながら理解し、使えるようになる」ためには、どのような内容を英語で進めていけばよいのでしょうか。

日本の英語教育では、(財)語学教育研究所(略称、語研)が Harold E. Palmer の提唱した Oral Method に基づく授業を普及させる活動を長年にわたって行ってきています。この授業方法の特徴の一つとして、英語による口頭導入(Oral Introduction)があります。ここから学ぶことが英語での文法指導ではきわめて重要だと言えるでしょう。

Oral Method に基づいた授業の名手には、語研からパーマー賞が与えられます。2004年度にパーマー賞を受賞した久保野りえ教諭(筑波大学附属中学校)の授業の一部を紹介します。筑波大学附属中学校・高等学校の前身は東京高等師範学校附属中学校で、大正時代に Palmer や弟子の Hornby が実際に教壇に立って Oral Method による授業を行った学校です。

ここで紹介する口頭導入には、①～③が周到に組み込まれています。

① 現在進行形と単純形現在の意味の違い
② 生徒の発話量の段階的増加
③ 現在進行形〈be＋現在分詞〉での、主語と be 動詞の人称・数の一致

口頭導入の構造が明確になるように、対応する箇所に下線を引いて上記①～③との関連を示しました。現在進行形の文は太字にしてあります。

> **T:** A-kun, what sport do you like?
> **A:** I like soccer.
> **T:** You like soccer. So do you play soccer?
> **A:** Yes, I do.
> **T:** What day do you play soccer?
> **A:** Tuesday, Wednesday and Friday.
> **T:** I see. You play soccer three times in a week. You play soccer.
> ① Then, **are** *you* *playing* **soccer now here in the classroom?** No, **you are not. You are not *playing* soccer.** No. You play soccer, but **you are not *playing* soccer now**. Then, **what *are* you *doing* now?**
> **A:** *Studying.*

**T:** ② Yes, **you** *are studying*. *Studying* **what**?
**A:** English.
**T:** Yes, **you** *are studying* **English**. That's right. OK. Listen. ③ **He** *is* *studying* **English**. He plays soccer, but **he** *is* **not** *playing* **soccer now**. No, no. **He** *is studying* **English.** **He** *is studying* **English now**. OK. Then, who is the homeroom teacher of Class 1?
**Ss:** Mr. Shoji.
**T:** Mr. Shoji. Yes. What subject does he teach, B-san?
**B:** Science.
**T:** Science. I see. Then, do you study science?
**Ss:** Yes.
**T:** Oh, you do. Then, *are* **you** *studying* science now in the classroom?
**Ss:** No.
**T:** No. ③ **What** *are* **you** *studying*?
**Ss:** I *am studying* **English**.
**T:** （クラス全体を指すように手を広げて）**You are studying English**.
**Ss:** **We are studying English.**
**T:** You know I love songs. I am a good singer. I sing at home, and sometimes at school. But **am I singing now?**
**Ss:** No.
**T:** ② Then **what am I doing?**
**Ss:** **You are teaching English.**
**T:** That's right.

　ここまでに要した時間は、導入開始からわずか2分半にすぎません。しかし、生徒たちは最終的に現在進行形を使った完全な文（You are teaching English.）を意味のある言葉として発話することができています。教員のモデルを形式的に模倣したものではありません。意味のあるやりとりの中で、理解して使えるようになっているのです。
　また、次のような解説を明示的に行っているわけではありません。しかし、口頭導入を構造化することによって、英語によるやりとりの中で使えるようにしています。

- 日常の習慣では、現在進行形は使わない。
- 疑問文では be 動詞と主語の語順が転倒する。
- 否定文では be 動詞の直後に not を入れる。
- be 動詞は、I am, you are, he is のように主語に対応する。

特に注目すべきなのは、疑問文 What are you doing? に対する生徒たちの応答を、Studying. のような単語によるものから徐々に引き上げ、最終的には You are teaching English. という発話を引き出していることです。この段階では、生徒たちの意識は形式には向いていません。

そして、以上のような英語による導入と練習の後で、黒板を使って現在進行形と現在形の意味と形を次のようにきわめてシンプルに整理します。

- We *study* English. 「〜する」
- We *are studying* English. 「今〜している」

教員の発話は、提示すべき用例の多様性について綿密に計画されています。また、生徒たちは、教員の巧みな誘導によって新出事項をすでに何度も口に出しています。その後なので、日本語を使った短時間の補足説明で、生徒たちは形式と意味について深く理解することが可能になるのです。この例が示すように、英語による導入を工夫すれば、説明時間を最短化することができるのです。

## 2.3　Oral Approach から学ぶ

これまで何度も述べてきたように、練習 (practice) の段階から発信 (production) に進むためには、口頭練習の工夫が必要になります。第二言語習得の研究では、「意識的な学習 (learning) は習得 (acquisition) にはつながらない」という主張もあります。しかし、外国語として英語を学ぶ環境においては、「形式を意識した学習」の必要性は否定できないでしょう。形式を意識した練習から始めて、徐々に形式を意識せず無意識に使用できるようになることを「自動化」と呼ぶことがあります。

自動化を目指した練習システムとしては、Charles C. Fries 他が提唱し日本では戦後に ELEC (英語教育協議会) が中心となって普及に努めた Oral

Approachの手法を再評価する必要があります。Oral Approachは言語習得を習慣形成（habit formation）だと位置づけていたことが批判され否定されたために、過去の遺物のように扱われています。また、代表的指導技術にはパタンプラクティスがありますが、「意味を考えない型の練習」として悪者扱いされがちです。しかし、パタンプラクティスを始めとするOral Approachの指導技術は、限られた時間の中で段階的に負荷を上げていくように配列されているのが特徴です。場面と意味を適切に与えて「意味を考えた型の練習」にすれば、今でも充分に活用できるはずです。そこで、その理論と指導技術について、簡単に振り返ってみることにしましょう。

Oral Approachの基盤となっているのは、Twaddellの提唱する「言語学習の5段階 (five steps of language learning)」です。

1. 理解（recognition）：音声を正確に聞き取り、意味を理解する
2. 模倣（imitation）：教師などのモデルを真似する
3. 反復（repetition）：記憶に従って何度も練習し暗唱する
4. 変換（variation）：暗唱できた文の一部を変えて別の文を作る
5. 選択（selection）：既習の全事項の中から、場面や意味に適するものを選択して使用する

先ほどのパタンプラクティスは、この5段階の4と5に関わる練習です。

「変換」は、模倣記憶練習（mimicry-memorization practice, mim-mem）で暗唱した基本文にア〜ウの変化を加えることによって、無意識に使用できるようになることを目指した練習です。

ア　置換（substitution）：一部を変化させ別の場面の文を作る
・I play tennis. → I play baseball.
・I play tennis. → My brother plays tennis.
イ　転換（conversion）：疑問文・否定文などに転換する
・He can swim. → Can he swim? / He cannot swim.
ウ　展開（expansion）：修飾語句などを付加する
・I lost my key. → I lost my key *yesterday.*

ア〜イの練習で本来目指していたことは、生徒たちの注意を形式から逸らし、内容のみを意識して正確に文を発するような無意識的習慣（unconscious habit）の形成でした。しかし、この目論みに反して、形式に意識が集中して意味が空洞化するという逆の現象が生まれてしまい、「無意味な機械的操作の練習」に終始してしまったようです。

どうしてうまく行かなかったのでしょうか。たとえば「置換」で主語や目的語を変化させれば、場面は次々と変化して行かざるを得ません。その結果として、場面や意味に対する意識が希薄になり、形式の表面をなぞるような練習に堕してしまったのでしょう。

改善案として考えられるのは、「場面は固定」してその中で練習を行うことです。確かに、練習量や多様性は多少犠牲になるかもしれません。しかし、意味への意識を保持させやすいので、練習の質を高く保つことが期待できるでしょう。ただし、この段階での練習は、使用する形式を固定してその定着を図る練習であることを否めません。ここで到達できるのは「仮定法を使って表現する」ことを意識すれば、仮定法の文を正確に発話できる、というレベルまでです。

それに対して、最終段階である「選択（selection）」は、それまでに学習したすべての知識の中から、出会った場面に応じて最適な文や語句を自由に選び出して表現することができる、というレベルです。「場面の中で意味が頭に浮かべば、自動的に仮定法の文が口から出るようになる」ということです。2章1節でのたとえを使えば、道具箱に入っている道具を必要なときに無意識のうちに取り出して使える段階だと言えます。

「変換」と「選択」の間には大きなギャップがあります。それを段階的につなげていくための活動を設定しなければなりません。そのためにまず考えられるのは、既習事項を選択的に使用する機会を仕組んだ活動を設定することです。教員は使用させたい複数の文法事項を明確に意識しておきます。しかし、生徒たちの意識は場面や意味のみに向かわせ、使用させたい文法事項に気づかないようにするのです。このような実践を積み上げて収集し共有していくことが今後の課題となるでしょう。

# 3 コミュニケーションと関連した文法指導

## 3.1 暗示的知識と明示的知識

　英文法の指導で欠かすことができない議論に、より自然な習得につながるとされる暗示的な形で文法事項を教えるべきなのか、あるいは時間が限られている中で効率性などを優先して明示的に教えるべきなのかというものがあります。このあたりについて、研究でどんなことが言われているかまとめておきましょう。

　学習というものは1つの体系しかないとする認知心理学的な立場がある一方で、Ellis (2009) は「学習 (learning)」と「知識 (knowledge)」を区別し、それぞれに暗示的 (implicit) と明示的 (explicit) の2つの体系があるとの立場をとっています。より定義が定まっている知識を例に取ると、暗示的知識は手続き的で直感的な言語使用です。自動的な処理に用いられます。一方、明示的知識は宣言的で意識的・計画的に使用されます。英文法規則を説明できること、理解していることを自分が意識していることは宣言的知識ですが、その知識を使えることは手続き的知識に当たります。

　英文法規則について知っていることや言えることと、実際に使えることのどちらが英文法の力があるかと問われれば、後者であることは明らかです。また、明示的な学習のほうが暗示的な学習よりも効果があるとされる場合が多いのですが、明示的な学習の効果は限定的であることが指摘されています。そもそもそれを測るテスト自体、明示的な学習に有利なものが多いことも考慮する必要があります。

　Krashen (1982) は、第二言語の知識の獲得過程を「習得 (acquisition)」と「学習 (learning)」に分け、後者で身につけた知識はたとえば時間をたっぷりかけて英語のスピーチ原稿を推敲するようなさいにモニターとして働くけれども、即興性のあるような言語使用場面では効果を発揮しないと主張しています。明示的知識が暗示的知識に変わる可能性も、逆に暗示的知識が明示的知識になる可能性も否定するノン・インターフェイスの立場です。

　一方、Dekeyser (2007a, 2007b) は、「宣言的」から「手続き的」「自動

的」知識に至る3つの発達段階をもとにした強いインターフェイスの立場をとり、明示的知識が暗示的知識から導き出されるだけにとどまらず、明示的知識が暗示的知識に変わり得るという立場を取ります。宣言的知識である英文法規則を明示的に学習しても、練習を積み重ねることで次第に手続き化して、自動化された意識的な知識、あるいは無意識的な知識になるというものです。ただし、手続き的知識に変わった段階では、まだまだしっかりとしたものではなく、用いるのに時間を要したり、誤りを犯したりということも起こります。

最後の弱いインターフェイスの立場は、明示的知識が暗示的知識に変わる可能性を否定していないものの、それは学習者自身の明示的知識により、学習者が英語をインプットする過程で言語形式の気づきが起こり、自分自身が持つ中間言語と比較できるような段階の場合にのみ当てはまるなど、明示的知識が暗示的知識に変わる場面をいくつかの場合に限定しています。

ただし Ellis (2009) も指摘している通り、明示的な指導を行ったとしても、学習者が暗示的な学習を行うこともあることや、明示的・暗示的な指導の比較研究は様々あるものの、それぞれの指導が千差万別で、それを検証するテストがそもそも明示的指導向きであるため、どちらの指導が効果的かは必ずしも明らかではありません。

日本の中学校・高等学校の教室では、英文法はまず例文を提示し文法規則が明示的に教えられるのが一般的です。これは、「強いインターフェイスの立場」あるいは「弱いインターフェイスの立場」をもとに、練習を重ねて、宣言的知識である文法規則を手続き的知識に変えていくということです。しかしながら、その練習は、あらかじめある特定の文法項目を用いることが前提となったもので、場面からも切り離された機械的なものです。このような制限が強いドリルのような練習では、どのような文法項目を用いるべきか考える必要もなく、すでに答えがわかっています。わかっている答えをただ口にしたり書いたりすることを繰り返すだけで、その文法項目を学習者自身の文法体系の中に組み込むだけの情報も機会も与えられていません。しかも、その練習量も十分とは言えません。1度学習した文法規則はそのレッスンが終わると再びふれる機会がしばらくないものもあります。となると、このような英文法指導を通して獲得された知識は、それが提示されたのときわめて近い限定的な場面でしか使えない知識と言えま

す。その文法項目の規則や用いる場面を普遍化できていないためです。

　暗示的な文法知識を獲得するためには、教室という限られた環境の中で、インプットを工夫することにより、ある文法形式に対して注意を向けさせ、学習者がいつも使っている文法形式と自ら比較し、その新しい文法形式を自分自身の中間言語に組み込むために仮説を立て、その仮説を検証・修正するような場面を与えなければなりません。

　英語によるインプットが教室内に限定される、外国語として英語を学ぶ日本のような環境では、学習者がインプットの中で文法的な特徴に「気づく（noticing）」ためには、その文法形式にふれる頻度を高めることも必要でしょうし、意味のあるコミュニカティブなタスクの中で学習者の注意をその文法形式に向けさせることも必要となります。

## 3.2　形式のみならず意味・使用を重視した英文法指導

　伝統的な英文法指導においては、いくらドリルやパタンプラクティスのような練習を積み重ねても、文法項目がどういう場面で使われるのかを身につけさせる機会が与えられないうえ、インプットの量が不十分だったために、その文法形式はなかなか定着しませんでした。インプットがしっかりとインテイクされず、結果として第二言語の体系（developing system）が構築されなかったのです。

　従来的な「形式」を重視した英文法指導（Focus on Forms）では、様々な文法項目を学び、それらの知識を少しずつ積み上げていけば、ある程度の段階でコミュニカティブな使用が可能であると考えられていました。しかし、あまりに形式を重視した指導は十分に効果を発揮しなかったため、形式ではなく「意味」こそがより重要であるという指導（Focus on Meaning）が主流となり、コミュニカティブな指導が現れました。本来はこの指導は学習者主導型のアプローチ（learner-centered approach）であり自然なアプローチ（natural approach）であるはずですが、教科書などの制限があるため、実際には教師主導型で、コミュニカティブな場面も、導入よりは、文法項目を理解したうえで使用してみる最終段階で用いられることが多いようです。

　そして、意味だけではやはりだめで、「意味中心のやりとりの中で文法形

式に注意が向くこと」が大事であるとする指導が提案されるようになりました。それが、文法項目に焦点を当てたインプットとアウトプットを、意味を重視したコミュニケーション活動で行うフォーカス・オン・フォームの指導（Focus-on-Form）です（Ellis, 2006）。

フォーカス・オン・フォームの指導では、明示的な指導が完全に否定されたり排除されたりしているわけではありません。たとえば伝統的な英文法指導も、学習した文法形式をコミュニケーションとして用いる場面が十分に与えられれば有効であるとされています。文法項目の明示的な説明も英文法指導で中心となるべきコミュニケーション活動の補完的な役割は果たしているということです。

日本の中学校・高等学校の教科書は基本的に各レッスンに文法事項が配当されている文法シラバスなので、形式だけでなく意味や使用を重視するべきであると言われても難しいところはあります。また、教科書自体は本文にも長さや使用語彙などの制限がありますから、十分に意味のある場面での提示になっていない場合もあり得ます。必要最低限のことしか書かれていない教科書本文の場面提示に指導者が彩りを加えて、その文法項目を用いる場面が生徒にぴんと来るような提示方法を工夫する必要があります。

Ellis（2006）が、文法は、ある程度言語使用ができる、いわば中級レベルの学習者に教えたほうがより効果があると述べているのも興味深い指摘です。現在、高校では新学習指導要領の狙いとは異なり、1年生で週2時間を設けて英文法をひと通り学習するのが一般的のようですが、そのような指導の是非は別として、たとえば1年生の後半から、あるいは2年生からなど、ある程度、英語にふれた段階で文法指導を行ったほうが、まだあまり英語の蓄積がない段階で文法規則を先に学習するより、学習者自身で気づいたり、学ぶことができるかもしれません。

また、上記のように文法事項が教科書各レッスンにきれいに配当されていると、各文法項目に1度ふれると、なかなか次にまた出会わないという問題もあります。特定の文法項目に焦点を当てて活動するだけでなく、あるテーマについて書かせたり話させたりして、生徒たちが共通して誤るような文法項目を取り上げ指導する偶発的なフォーカス・オン・フォーム（incidental focus on form）も、復習を通した定着の機会として有効と言えます。

文法項目の形式だけを切り離さず、「意味中心のやりとりの中で文法形式に注意が向く」ような導入を考えるとき、そこにはその文法項目の導入にふさわしい「場面」が求められます。その場面は、生徒が理解できるような語彙や表現を用いながら、該当する文法項目の典型性に生徒が気づくことができるような必要最低限の文脈を持ったものでなければなりません。

## 3.3 文法指導におけるタスクとエクササイズの違い

典型的な場面で導入された文法項目にふれた後、補助的に明示的な説明を用いたとしても、生徒が本当に理解できるのは、意味のある使用場面の「活動」においてです。そのような活動のひとつのヒントとして、タスク中心教授法 (Task-based Language Teaching) があります。この教授法では、様々な課題を遂行する中で、文法規則を学んで行きます。文法項目を理解してから使うのではなく、間違ったり、その間違いの中で自分の理解を修正していったりする「活動で理解」していくことになります。

中学校や高等学校の教室の中には、課題を提示するとそれらをすべてタスクと呼んでいるような場面も目にしますが、タスクがエクササイズにとどまらないためにはいくつかの要件があります。まずは①言語の形式ではなく、意味内容の伝達が中心であること、そして、②言語形式を正しく知っていることではなく、言語を使ってコミュニケーションする中で解決しなければならないゴールがあること、③話題や場面が教室内にとどまらず、教室外の実際の世界と関連していること、④言語形式をどれだけ正確に再現できたかではなく、あくまで設定したコミュニケーション課題をどれだけ達成できたかが問題になっていることなどです (Skehan, 1998)。

しかしながら、(生徒に気づきを促すような帰納的な形か明示的な説明かなどの違いはあるものの)新出の文法項目を「提示 (Presentation)」し、機械的な練習を行い、続いてペアやグループでのコミュニケーションドリルなどの「練習 (Practice)」を行い、最後にその文法項目を実際に近い場面で「産出 (Production)」するという PPP 型の言語活動を行ってきた日本の教室で、このタスク中心教授法を厳密な形で取り入れることには難しさもあります。したがって、教科書を中心に授業を進めていくような場合は、いくつかのレッスンを終えたところで、使用する言語形式のコントロール

がない形のコミュニケーション課題を提示し、場面に応じた表現として文法項目の理解を深めていくようなおさらいの課題、あるいは、学期ごとに目指すべきコミュニケーション課題を設定することがより現実的かもしれません。各レッスンで学ぶ文法項目については、すでにそれらの文法項目を用いることが決まっていますので、よりコントロールされた課題や場面とはなるものの、各文法項目がどのようなやりとりの中で用いられるのか、そのさい、コミュニケーションの中でどんな働きをしているのか、そしてもちろん、どのような形で用いるべきなのか、より鮮明になるような典型的な活動を豊富に用意していくことが必要となります。

## 4 明示的説明と誤りの指導

### 4.1 明示的な説明はいつ行うか

　高等学校の授業では、中学校よりも1時間ごとに扱う英語の量が多いこともあり、先にターゲットである英文法項目を簡潔かつ明示的に説明してから、それが含まれている英文を聞いたり読んだりすることが多いようです。そのような授業では、例文とともにその文法項目についての説明が行われるのが一般的です。

　本書では中学校であっても高等学校でも、まずは「場面」で新出文法項目を導入することを提案していますが、どこかの時点で、明示的な説明も行わなければなりません。可能であれば、場面のあるコミュニケーション活動を先に行い、その中で、生徒に気づかせたうえで、説明を行いたいところですが、必ずしも、その順序がよいとも限りません。

　高等学校で学ぶ文法項目の中には複雑なものも少なくありません。そのような文法項目は、最初に簡潔に説明してからコミュニケーション活動に入ったほうが、よりその表現に対する注意を向けることができます。しかし、熱心さのあまり長々と説明して、その後、十分な場面設定がなされないままに、中途半端な英語のやりとりで用いられると、従来型の指導と変わらなくなります。英文法の規則だけでなく語彙の導入でも、説明すればするほど生徒がわからなくなることがあります。説明はあくまで限定的な

操作に有効で、コンテクストがなければ、その文法規則の使われ方を理解することはできないでしょう。テキストについてもイラストとともに示せば、そのイラストが場面を表すこととなって、4行対話でもある程度意味のある活動になるでしょう。ただし、授業の中での導入となると、生徒を引き込むようなもう少し深い場面が必要です。

　最初にコミュニケーション活動を設ける場合も、その後にすぐに説明を行わず、できれば、その文法形式を生徒なりに理解した形で使わせたうえで説明を行いたいものです。「生徒なりに理解」となると、当然、試行錯誤を繰り返すことになり、先生方は「生徒に間違った英語を口にさせるのか」とか「間違った英語がインプットされることはないのか」と心配されるかもしれません。しかし、文法規則だけでなくその機能など用い方を含めて、すべてを言葉で説明することはできません。テニスもサッカーも、言葉で詳細に説明されるよりも、プレーしながら、うまく行かないところをアドバイスとともに修正していったほうが効果的なはずです。

## 4.2　誤りの指導

　「場面で導入」し、「活動で理解」を深めても、生徒が誤りを続ける場合があります。そのさいに有効なのが、幼児の言語獲得のさいによく用いられるリキャスト（recast）という方法です。これは、誤りに対して言葉で説明せず、幼児に母親が語るように、先生が生徒の誤りを正しく言い直して、やりとりを続ける方法です。I beg your pardon? など、もう1度問い返したり、生徒の誤った部分をイントネーションを上げながら繰り返して、先生が正しく言い直すような強い形もありますが、できれば、

**S:** I go to the library yesterday.
**T:** Oh, you went to the library yesterday.

のように、できるだけ自然な形のリキャストから始め、どうしても誤りに気づかなければ、徐々に強い形でシグナルを送るというような段階を踏みたいものです。

　そのさい、「いつまでたっても3単現の -s すらきちんとできない」とい

うようなコメントが出てくることがありますが、文法項目の指導順序は習得順序と必ずしも一致していないということを理解しておく必要があります。言語習得においては、-ing を用いた進行形のほうが、3 単現の -s よりもはるかに習得が容易ですし、規則動詞の過去形の後に学ぶ不規則動詞の過去形のほうが、規則動詞の過去形の習得よりもずっとやさしいと言われています。習得が容易な文法項目から先に学べばよいかもしれませんが、そうならないのは、指導上合理的かつ容易であるとされる文法項目の指導順序と学習者の言語習得の順番が必ずしも一致しないことがあるからでしょう。となると、大事なのは、私たち教師がこの指導順序と習得順序の不一致を常に理解して、書いたり話したりする活動では、学習者が間違いを犯すものであるということを理解し、習得がきちんとなされるのをしばらくはじっと待つことかもしれません。

　例文とともに文法規則の説明を行い、その例文に近い形の英文を使って練習をするような形式の操作であれば間違いが少ないかもしれませんが、意味のあるコミュニケーション活動を行う場合は、ターゲットとなる文法規則だけでなく、既出の文法項目も含めて、様々な間違いが出てくるかもしれません。しかし、すでに述べたように「間違う」ことが「上達」につながるのだと捉え、すべての間違いに神経質にならないことも求められます。ある程度、コミュニケーションが成り立っている場合は、ターゲットとなっている文法項目以外は、本当に頻繁に間違っているものや、コミュニケーションを阻害するようなものだけに限定してリキャストのような形で指導するおおらかさが必要です。

# 第 3 章

## 場面で入る英文法指導の実践 17 中学校編

# 1 be 動詞

## 1.1 「be 動詞」導入の流れと指導のポイント

be 動詞には大きく分けて 2 つの種類があります。1 つめは、「主語が I の場合は am を用い、主語が you の場合は are を用いる」というように、用いる be 動詞が決まっているものです。これは、"I am 〜" や "You are 〜"、あるいは疑問文で "Are you 〜?" のように固定したパターンとなっているので、口慣らしをして定着させればいいということになります。

もうひとつは、「主語が I でも you でもない場合は、主語が『ひとり、ひとつ』（単数）なら is を用い、主語が『ふたり以上、ふたつ以上』（複数）なら are を用いる」というように、「数」に関する判断が必要なものです。これは、単純な口慣らしでは対応ができませんが、主語が Taro なら "Taro is 〜"、主語が Taro and Jiro なら "Taro and Jiro are 〜" となる、というような簡単な例を用いて学習を進めれば、決して難しいことではありません。主語の数が容易に判断できるような文を自然な場面の中で生徒に与え、is と are のどちらを用いればよいかを判断することに慣れさせることが指導の中心となります。

> **be 動詞の指導のポイント**
> ☆be 動詞には 2 つの種類があり、それぞれ学習のポイントが異なる。
> (A) 主語が I のときは am を用い、主語が you のときは are を用いる。
>   → 固定したパターンなので口慣らしで定着を図る。
> (B) 主語が I でも you でもない場合、主語が「ひとり、ひとつ」なら is を用い、主語が「ふたり以上、ふたつ以上」なら are を用いる。
>   → 主語の数を判断することに慣れさせる。

(A) は、小学校の英語活動やきまり文句 (How are you?—I'm fine, thank you. 等) などを通して生徒たちになじみがある場合が多いので、まずは (A) を用いて導入を行い、そこから (B) の内容へと展開していきます。

## 1.2 導入場面

　最初に扱う be 動詞を am とし、まず教師が自分のことを語ります。1 回目の授業であれば自己紹介をしてもよいが 2 回目以降の授業で自己紹介をするのは不自然だ、と考える必要はありません。自己紹介以外でも自分について語る場面は現実に存在します。また、自分について語ることはあくまでも導入であり、自分について語るのと同じ手順で自分以外の人(たち)について語っていき、自分について語るときと自分以外の人(たち)について語るときの be 動詞の違いに注目させるのです。

　なお、今回の導入では、主語に固有名詞を並べて Taro and Jiro のような言い方をした後も一貫して Taro and Jiro と言い続け、それを代名詞の they で言い換えることはしません(同様に、Taro を he とはしません)。本来なら、they とするほうが自然なのですが、あくまで、生徒に注目させる箇所を be 動詞に絞り、Taro なら「ひとり」なので is が続き、Taro and Jiro なら「ふたり」なので are が続くというポイントを明確に示すのがその目的です。そして、代名詞の指導は別の機会に行うということを想定しています。

### (1) be 動詞の使われる「場面」の導入

　1 年生の初めの頃の生徒には、まだよく知らない先生がいるので、先生たちの紹介をします。よく知っている先生であっても、紹介を英語で行えば、生徒は興味を持って耳を傾けます。

---

　(登場する A, B, C はその学校の他教科の教師の名前。授業ではそれぞれの教師の写真を見せるとよい)
T: Look. This is my tennis racket. I like tennis. Do you like tennis? Oh, you like tennis, too. Good.
　I play tennis on Saturday and Sunday. I go to a tennis school on Sunday. I am not a good player, but I want to be a good player.
　Look at this picture. This is Mr. A. Mr. A likes basketball. Mr. A plays basketball every day. Mr. A is a good basketball player.
　Look at this picture. This is Ms. B. Ms. B likes basketball, too. Ms. B is a good player, too. Mr. A and Ms. B are good basketball players.

> Look at this picture. This is Mr. C. Mr. C likes karaoke. Mr. C *loves* karaoke. Mr. C goes to karaoke every day. But Mr. C is not a good singer.
> （＊I want to ～ は小学校の英語活動で扱われている）

### (2) 理解の確認

話題を生徒に転じて、上記と同様の内容を対話の中で確認していきます。生徒が所属する部活などを調べておくと対話を進めやすくなります。

> （D, E, F, G には生徒の名前が入る）
> **T:** I play tennis. I **am** not a good tennis player, but I want to be a good tennis player. Do you play tennis, D?
> **S:** No, I don't.
> **T:** What do you play?
> **S:** Basketball.
> **T:** Oh, you play basketball. You **are** a basketball player. Are you a good basketball player?
> **S:** No.
> **T:** No? Who（誰？）is a good basketball player in this class?（「誰？」のところは日本語を挟む）
> **S:** E …
> **T:** Oh, E is a good basketball player. And?
> **S:** F …
> **T:** Oh, F is a good basketball player, too. And?
> **S:** G …
> **T:** G is a good basketball player, too. So, E, F and G **are** good basketball players in this class.

続いて、スポーツ名を変えて、

　　X is a good … player. / Y is a good … player.
　　　→ X and Y are good … players.

という文を作らせる。また、singer, pianist, collector of 〜 などの表現を用いて、スポーツ以外のことも話題にします。

## 1.3　生徒の活動

　自分について語り、自分以外の人（たち）について語る、という活動を通じて、主語に応じて適切なbe動詞を用いる練習を行います。

■　活動「仲間を探そう」
目的：主語に応じて適切なbe動詞を用いながら、自分や自分以外の人（たち）について英語で表現できるようにする。
活用技能：Speaking & Listening
活動時間：10〜15分
準備：生徒が英文を作るさいに参考となるような例文を用意する。
手順：
① 教師が次のような例文を示す。
　Are you a baseball player?
　　　baseball, tennis, basketball, volleyball …
　Are you a soccer fan?
　　　soccer, baseball, Giants, Tigers, rock, J-pop …
　その他：a collector of 〜, a good pianist, a good guitarist, a good singer など
② 生徒は、まず自分について語る文をひとつ作り、その文を元にして、相手に質問する文を作る。
　例：I am a baseball fan.　→　Are you a baseball fan?
③ 生徒は、作った質問文でできるだけ多くのクラスメートに質問をし、"Yes, I am." と答えた生徒の名前をメモしておく。
④ ③までの活動を踏まえて、生徒はひとりずつクラスの前に出て、I am a Giants fan. A, B, C and D are Giants fans, too. (A, B, C, D にはクラスメートの名前が入る) というような文章を発表する。

## 2 一般動詞、3 単現の -s

### 2.1 「一般動詞」導入の流れと指導のポイント

　一般動詞と一口に言っても、その性質は様々です。自動詞と他動詞や動作動詞と状態動詞の区別など、中学校レベルでも整理すべきことが少なくありません。「一般動詞」という大きなまとめ方ではなく、まずは個別の動詞の用法に慣れることを指導の主眼とするのがよいでしょう。最初のうちは、用法の似た動詞だけをまとめて導入するのもよいかもしれません。中学1年生用の教科書の中には、一般動詞の導入部分で提示する英文をSVO文型に限っているものもあれば、そのような制限がないものもあります。どの動詞から導入するかは、教員が適宜判断する必要があるでしょう。

　また、現在形しか学習していない時期ですので、導入に用いる場面としては、日常的な習慣や恒常的な性質を述べる場面が自然です。

> **一般動詞の指導のポイント**
> ☆なるべく用法が同じ動詞をまとめて導入する。
> ☆日常的な習慣や恒常的な性質を述べる場面で導入する。

### 2.2　導入場面（一般動詞）

　中学校に入学して間もない時期の生徒は、小学校とは違う生活習慣を作りつつあります。通学距離が伸び、朝が忙しくなって戸惑っている生徒たちも少なくないでしょう。そのような生徒たちにとっては、自分たちの新しい生活習慣は身近な話題となります。そこで、生徒同士で自分たちの生活習慣について述べあう場面を設定し、一般動詞を導入します。

#### (1)　一般動詞の使われる「場面」の導入

　最初に教員がモデルを示します。まず、"My morning" と板書します。そして、黒板に時刻と次のページのような絵を1つずつスライドで示し（もしくは黒板に描き）ながら、次のように話します。（at 6:50 のような時刻の

2. 一般動詞、3 単現の -s　45

表現は既習とします)

　　I wash my face at 6:50.
　　I brush my teeth at 6:55.
　　I eat breakfast at 7:00.
　　I change clothes at 7:20.
　　I leave home at 7:30.

　次に、同じ絵を指し示しながら英文を提示(もしくは板書)します。このとき、動詞だけ色を変えたり下線を引いたりして視覚的に強調します。
　それぞれの英文を斉読でリピートさせます。やり方は、たとえば、

　　**T:** wash
　　**S:** wash
　　**T:** wash my face
　　**S:** wash my face
　　**T:** I wash my face.
　　**S:** I wash my face.
　　　　　　　：

のように、「動詞だけ　⇒　動詞＋目的語　⇒　1文」の順で拡張して、構造上の結びつき方を感じさせるように工夫します。


(2)　理解の確認

　板書の英文を消し、絵を指し示し、個人を指名して該当する英文を言わせます。確実に口頭で言える状態になるまで練習します。
　次に、「How about you?＝あなたはどう?」という表現を提示します。そして、生徒個人を次々と指名し、絵を指し示して How about you, Mai? のように発問し、生徒に自分自身のことについて言わせていきます。少々つかえながらでも正しく言うことができれば、ここで導入した一般動詞の用法を理解していると判断します。
　なお、このとき「顔洗わない」「歯磨かない」といった声が生徒から聞か

れば、「そういうときは、I don't ... と言います」のように説明し、板書しておきます。これは、後の否定文・疑問文導入への伏線になります。

(3) 生徒の活動
目的：一般動詞を用いて生活習慣について述べることができるようになる。
活用技能：Listening & Reading
活動時間：10分程度
準備：ワークシートを作成する。
手順：
① ワークシートを配布します。空所に時刻を記入させます。I don't... と書くことも認めます。
〈ワークシート例〉

---
**目標：1日の行動について言えるようになろう**
① 自分自身のふだんの生活について（　　　　）に時刻を記入しなさい。
　I wash my face at (　　　).
　I brush my teeth at (　　　).
　I eat breakfast at (　　　).
　I change clothes at (　　　).
　I leave home at (　　　).

---

② 記入が終わったら、

　OK, everyone, stand up. Read No.1 on your worksheets, and take your seats.

のように指示をします（ここでは、このような最低限の教室英語のみ導入済みとしますが、他の表現が使えるのであれば、より丁寧に指示すればよいでしょう。いずれにせよ、このような指示は、後の命令文の指導への伏線となります）。
③ 次に、他の人がどう書いたかを聞いてまわる活動をします。

　Look at No.2 on your worksheets.

## 2. 一般動詞、3 単現の -s

生徒が日本語の指示を読んで理解したら、次の指示を出します。

Stand up, walk around the classroom, make pairs, and *Janken*. *Janken* losers read, and *Janken* winners write.

もちろん、これだけでは生徒にやってほしいことは伝わりませんから、生徒を 1 人立たせ、教員とペアになってデモンストレーションをします。次の手順を実演します。必要に応じて日本語で補足説明をします。

　ペアになる ⇒ じゃんけんをする ⇒ 敗者は自分のワークシートの①を読み上げる ⇒ 勝者はそれを聞いて自分のワークシートの②に、相手の名前と時刻を書き入れる（下のワークシート例を参照）⇒ 全部書けたら勝者はそれを読み上げて敗者に確認してもらう（You wash your face at 6:30. のように）⇒ 別れて新しい相手と同じことをする ⇒ 表が完成したら自分の席に戻ってワークシートの③の指示と記入例（p. 51 を参照）を読む

〈ワークシート例〉（動詞の後に少しスペースを空けておきます）

| ② 他の人の生活を教えてもらい、下表に時刻を書き入れなさい。 | | |
|---|---|---|
| Name | | Time |
| （例） Yamada | wash　　his/her face | 6:30 |
| | brush　　his/her teeth | × |
| | eat　　breakfast | 6:50 |
| | change　　clothes | 7:10 |
| | leave　　home | 7:15 |
| （1） | wash　　his/her face | |
| | brush　　his/her teeth | |

④　生徒が活動のやり方を理解したら、OK, go ahead! などと指示して活動を始めさせます。

⑤　この活動の後、1・2 人称主語での否定文・疑問文の作り方の導入と説明に進む指導の流れが考えられますが、本書ではその部分は割愛し、主

語が 3 人称の場合の、いわゆる「3 単現の -s」の導入に話を移します。

## 2.3 導入場面（3 単現の -s）

### (1) 3 単現の -s の使われる「場面」の導入

生徒を 1 人指名し、自分の生活を英語で紹介させます。

Kenta, stand up and read No.1 on your worksheet.

など、生徒にわかる範囲の表現で指示をします（このように、ワークシートにナンバリングをしておくと、英語で込み入った指示をする手間が省けます）。

このとき、黒板に

```
wash    his face at (      ).
brush   his teeth at (      ).
eat     breakfast at (      ).
change  clothes at (      ).
leave   home at (      ).
```

のように板書（あるいはプロジェクターで投影）しておきます。このとき、動詞の前後には少しスペースを空けておきます。生徒の発言に合わせて、

**S:** I wash my face at 7:00.
**T:** OK, you wash your face at 7:00.
**S:** I brush my teeth at 7:10.
**T:** I see. You brush your teeth at 7:10.
⋮

のようにやりとりをしながら、(　　　) に時刻を書き入れていきます。
すべての (　　　) が埋まったら、次のようにリピートさせます。

**T:** Now, everyone, repeat after me.
　　Kenta washes his face at 7:00.

**S:** Kenta washes his face at 7:00.
**T:** Good. He brushes his teeth at 7:10.
**S:** He brushes his teeth at 7:10.
⋮

3単現の -(e)s は、普通はそれほど強く発音されませんが、この場合は生徒にその存在に気づかせるため、不自然であっても、やや強めに発音します。

### (2) 理解の確認

すでに板書してある英語に主語と 3 単現の -s を書き加えます。

> Kenta wash**es** his face at 7:00.
> He eat**s** breakfast at 7:30.

のように、3単現の -(e)s の部分を強調するように書きます。そして、

Copy these.

のように指示して、板書された英文を見て、各自のワークシートに 3 単現の -(e)s を書き写させます(動詞の後にスペースを空けておいたのはこのためです)。

この後、主語と動詞の形の関係について説明しますが、日本語で説明する前に、あえて英語でのやりとりを通じて規則性への気づきを促します。
次のように板書します。

> ① I (　　　) a teacher. I (　　　　) to school by car.
> ② You (　　　) a student. You (　　　　) to school by bike.
> ③ Chinatsu (　　　) a student. She (　　　　) to school by bus.
> ④ Mr. Collins (　　　) a teacher. He (　　　　) to school by train.

1 文ずつ指し示しながら、(　　)に入る語を生徒に言わせます。I come to... は、定型表現として既習とします。たとえば、次のようなやりとりになります。

> **T:** (①を指し示す)
> **S:** I am a teacher.  I come to school by car.
> **T:** (②を指し示す)
> **S:** You are a student.  You come to school by bike.
> **T:** (③を指し示す)
> **S:** Chinatsu is a student.  She comes to school…
> **T:** Yes, comes.  She comes to school by bus.
> **S:** She comes to school by bus.
> **T:** (④を指し示す)
> **S:** Mr. Collins is a teacher.  He comes to school…
> **T:** (①から順に(　　　)部を指し示しながら) Great, repeat after me; am, come, are, come, is, comes, is, comes.
> 　(再度①を指し示し、生徒に発言を促す)
> **S:** I am a teacher.  I come to school by car.
> **T:** (以下同様に④まで生徒に言わせる)

このようなやりとりを通じて、「be 動詞では is を用いる主語の場合に一般動詞では -(e)s が付く」という規則に自然と生徒が気づくことを期待します。

### 3 単現の -s の指導のポイント
☆主語に連動して動詞の形が変わることに生徒の注意を向けさせる。

## (3) 生徒の活動

ワークシートの②(p. 47 参照)に記入した内容をもとに、同級生の生活について紹介する文章を書き、口頭で発表する活動を行います。
目的: 3 単現の動詞を用いて同級生の生活を紹介できるようになる。
活用技能: Writing & Speaking
活動時間: 15 分程度
準備: ワークシート
手順:
① Look at No.3 on your worksheets.  Please begin.

のように指示します。生徒は、示された例にならって英文を書きます。教員は生徒が書いている様子を見回って個別に指導します。書く速さは生徒によって異なるので、早く書けた生徒には、書いた英文を暗唱したり、教員のところに来て発音の指導を受けたりするよう、時間調整のための指示をします。

〈ワークシート例〉

---
③ 上で記入した内容をもとに、クラスメートの生活について紹介する英文を書きます。例にならって書きなさい。

（例） Yamada washes his face at 6:30.
　　　 He eats breakfast at 6:50
　　　　　　　　⋮
(1) ＿＿＿＿＿＿＿＿＿＿＿＿＿＿＿＿＿＿＿＿＿＿＿＿
　　 ＿＿＿＿＿＿＿＿＿＿＿＿＿＿＿＿＿＿＿＿＿＿＿＿
　　　　　　　　⋮

---

② 全員が書けたら Read and Look-up などを行い、暗唱の練習をします。
③ 生徒を1人指名し、発表させます。このとき、"Number two" のように、どの人について発表するかを教員が指定します。生徒は指定された番号の欄に書いてある人の生活について発表します。
④ 発表が終わったら、紹介された生徒が次の発表者となります。どの番号を発表するかは、先に発表した生徒が指定します。このようにリレー形式で、どんどん違う生徒が発表していくようにします。

## 【Additional Activity】

否定文・疑問文の学習後、Class Survey の活動ができます。生徒が各自で簡単なアンケート（"What time do you go to bed?" など）を作り、クラスメートに回答してもらって、集計結果をグラフに図示します。そして、"Five people go to bed at 10:00. Only one person goes to bed at 11:30." のように発表します。この発表原稿を書くときに、主語の単複に動詞の形を合わせる必要があるので、一般動詞と3単現の練習に適しています。

# 3 代名詞

## 3.1 「代名詞」導入の流れと指導のポイント

英語には1)主語や目的語を省略しない、2)繰り返し出現する名詞は代名詞に置き換える、という特徴があります。「代名詞」を教えるということは、日本語にはないこの習慣を生徒に定着させるということです。普段のティーチャートークでも、意識的に代名詞を使うことが大切です。

代名詞には、人称代名詞・指示代名詞・疑問代名詞などがあります。中でも I, you は非常に早い段階で導入され、「初対面の挨拶」(I am _____. Nice to meet you.)といった自然な流れの中で扱いやすい項目です。三人称の場合も、「第三者について語る」という場面設定をしっかり行うことで、無理なく展開できるでしょう。

指示代名詞の this と that の導入では、距離感が感じられる場面設定を行うことが重要です。手が届く範囲の物を指差しながら、"This is 〜.", 遠くの物を指差して "That is 〜." といったように、ジェスチャーを効果的に用いる必要があります。

非人称の it も重要な項目ですが、これは普段の授業の冒頭で、it が状況から何を示すのかを認識できる場面を設定し、曜日・時間・天候などについて生徒とインタラクションしながら定着させていくとよいでしょう。

人称代名詞では主格・所有格・目的格と3つの格が出てきますが、一度にすべてを取り上げるのではなく、順を追って焦点を当てながら練習していきます。そのさい、目的格なら生徒がよく使う動詞(I like him. など)や前置詞(with her など)とセットで言わせる、などの配慮をし、自動的にチャンクで英語が口をついて出るようになることを目指します。

> **代名詞の指導のポイント**
> ☆それぞれの代名詞が何を指しているかをきちんと意識させる。
> ☆日頃のティーチャートークにも代名詞を活用し、生徒が自然と習得できるよう配慮する。

## 3.2 導入場面

ここでは「所有格」の導入場面を取り上げます。主格については、すでにある程度の使い分けができていることを前提としています。

### (1) 代名詞の所有格が使われる「場面」の導入

「好きな科目は何?」というトピックで、所有格の導入を行います。取り上げる人たちの写真やイラストを用意し、それらを見せながら行うと授業のリズムがよくなります。

> **T:** What subject do you like?（自分を指しながら）My favorite subject is, of course, English. And P.E. too. How about Mr. 〜, our principal?（校長の写真を見せる）Try to guess.（生徒に自由に発言させる）His favorite subject is ... music. What is our music teacher, Ms. 〜's favorite subject?（先生の写真を見せる）Of course, music is her favorite subject. And one more.（生徒に自由に発言させる）Her favorite subjects are music and ... science.（順次、その他の先生方についても紹介する）

### (2) 理解の確認

取り上げた先生方の好きな科目や生徒自身の好きな科目について質問しながら、理解を確認します。先生方の写真は黒板に貼っておきます。

> **T:** My favorite subjects are English and P.E. What is **your**（your を強調して言う）favorite subject? S1.
> **S1:** My favorite subject is 〜.（以下、他の生徒たちにも My favorite subject is 〜. と自分のことについて言わせる）
> **T:** Oh, your favorite subject is 〜. Then,（写真を指しながら）what is our principal, Mr. 〜's favorite subject? S2.
> **S2:** His favorite subject is music.
> （生徒が間違った代名詞を使用した場合、教員が訂正し、生徒に正しい英文を言わせるようにする）
> **T:** Good!（何人かの生徒にリピートさせ、最後に全員で言わせる）

以下、同じ要領で、導入で取り上げた人物について問答を進めます。

## (3) 練習

生徒が所有格の意味と形をおおむね理解したら、ペアで相手の好きな科目を聞きあい、それを Her/His favorite subject is 〜. という形で報告する活動を行います。生徒の名前と好きな科目を板書していき、何人かがまとまったところで、複数の their/our/your の形を導入します。充分な口頭練習を行ったうえで、最後にそれぞれの所有格を表にまとめて整理します。

## 3.3 生徒の活動

生徒がいろいろな代名詞に慣れてきたところで、写真を見せながら家族について紹介するという活動を設定します。あらかじめ教師が実演をしてみせたうえで、生徒に準備させるとよいでしょう。

活動はペアワークで行いますが、何回かペアを変えて同じことを繰り返させる手法を取ります。生徒は同じ内容を何度も話すことで、回を追うごとに相手の顔を見ながらスムーズに発話できるようになっていきます。

目的：適切に代名詞を使いながら、他人について紹介できるようになる。
活用技能：Writing, Speaking & Listening
活動時間：30分
準備：スピーチを書くための用紙を用意する。
手順：
[前時]
① 教師が自分の家族の写真を見せながらお手本スピーチを行う。写真は、OHPを使ってプロジェクターに大きく映すと、生徒に対して親切である。

> （スピーチの例）Look at this photo. (指差しながら) This is my family.
> (指差しながら) This is my wife. Her name is _____. She is an office worker. She likes tennis. We play tennis on Sundays.
> (指差しながら) This is our dog. It is a male dog. His name is *Marron*. He likes us very much. We love him, too.

② スピーチを書くための用紙を配布し、当日は原稿とともに家族の写真を持ってくるよう指示する。

[当日]
③ ペアで交互に、写真を見せながら自分の家族について紹介しあう。このとき、1人2分程度の制限時間を設け、タイマーなどを鳴らして時間になったら交代させる。
④ ペアを変えて同じことを行う。制限時間を少しだけ短くする。同じ内容の繰り返しなので、次第に短時間でテキパキ言えるようになっていく。
　生徒には「制限時間を20秒縮めます」と言っておき、実際は10秒程度だけ短くすると、少ない時間でたくさん話せるようになっている、という達成感によりつながる。
⑤ 制限時間を少しずつ短くしながら、以上の手順を繰り返す。
⑥ 最後に何人かを指名し、写真をOHPで映しながら、クラスの前で発表させる。

## 【発展】

相手の話を聞いた後その家族に関する質問タイムを設けるのも、代名詞を使って自発的に英文を産出するよい練習となります。たとえば、2分間をペアのひとりによる家族紹介の時間、その後1分間を質問の時間、次に交代して同じことをやり、これを1セットとしてペアを変えながら何セットか繰り返します。1回目はうまくいかなくても、次第に慣れて滑らかに発話できるようになっていくので、生徒自身も上達を実感でき、やる気が高まります。

# 4 助動詞（can）

## 4.1 助動詞 can 導入の流れと指導のポイント

　一般動詞の文、be 動詞の文に慣れてきた生徒たちにとって、can はおそらく do, does 以外の助動詞との初めての出会いになります。しかし、「助動詞」という用語を教えるのは後にし、意味と使い方になじませることを優先させます。

　can の意味は「〜できる」だということは、小学校時代になんとなく知っている生徒も多くおり、意味の導入にはあまり苦労しないところです。

　指導のポイントは、1) 肯定文のときに can を強く発音しすぎない、2) 能力を問うというよりも、それが許されているのか尋ねたり、申し出や依頼をしたりするのに使えることばである、という 2 点です。

　もちろん導入のはじめは、能力を言う「〜できる」として導入してかまいません。

> **助動詞 can の指導のポイント**
> ☆初めての助動詞。
> ☆能力を表す「〜できる」以外の場面で使われることが多い。
> ☆肯定文では can を強く発音しない。

## 4.2 導入場面

　はじめはわかりやすいように能力を問う can の場面で導入します。

**(1) ねらい:「〜できる」の意味を理解させる。**

　難読漢字と言われる、読みが難しい日本語の熟語を用意し、それを見せながら Can you read 〜? と問います。

> （「百舌」と書かれたカードを見せながら）
> **T:** Can you read this word?

**S1:** No….
**S2:** もず？
**T:** S2, you are right. Many people can't read this word but you can read it. Great! How about this?（「倫敦」と書かれたカードを見せながら）Can you read this word? This is a name of a city.
**S3:** ロンドン！
**T:** Oh, S3 can read this word. Then,（今のカードを隠して）can you write the word?
**S3:** No.
**T:**（再びカードを出して）S3 can read this word but he can't write it.

(2) **ねらい**： 意味の理解とともに、正確に応答できるようにする。

　視力検査で用いるような、太くＣの字を書いた厚紙の正方形のカードを用意します。Ｃの字の大きさを変え、何枚か用意しておきます。大きい順に上から何枚か黒板に貼り、No. 1, No. 2 など、カードを示す番号をそばに大きく書いておきます。

**T:** Can you see No. 1, S1?
**S1:** Yes.
**T:** Can you see No. 5?
**S1:** No.
**T:** No, you can't.
　S1 can see No. 1 but he can't see No. 5.
　How about me?（黒板から少し離れて、自分が視力検査を受けているようにする）
　Can I see No. 1? Yes, I can. I can see No. 1.
　Can I see No. 4? No, I can't. I can't see No. 4.
（このようにして、質問に対する答え方のモデルを示す）
　How about you, S2? Can you see No. 2?
**S2:** Yes.
**T:** Oh, you can see No. 2. I'll ask you again. Can you see No. 2?

**S2:** Yes.
**T:** …Yes, I can. I can see No. 2.（なかなか英文が出てこない場合、このように生徒が答えるべき文を教師が言ってモデルを示す）Try again. Can you see No. 2?
**S2:** Yes, I can. I can see No. 2.
**T:** Good. How about this? Can you see No. 5, S3?
**S3:** No….
**T:** No, I can't. I can't see No. 5.
**S3:** No, I can't. I can't see No. 5.
（ここで全員で答え方の口頭練習をする）
**T:** Everyone, answer me. Can you see No. 1?
**Ss:** それぞれが Yes, I can. や No, I can't. を一斉に答える。
**T:** S4, can you see No. 5?
**S4:** No, I can't. I can't see No. 5.
**T:** Everyone, can S4 see No. 5?
**Ss:** No, she can't. She can't see No. 5.

　生徒から出てこなければ、1回目は教師が示します。この部分で、do, does とは異なり、主語が三人称でも形は変わらないことをさりげなく示します。必要があれば、後で日本語でも補足しておくとよいでしょう。

(3)　**ねらい**: can は能力を問うばかりではなく、状況的に許されているのか、可能なのかを問う場合に使えることを理解させます。日本語でもどちらの場合も「〜できる」で表現されるので、一度そうした場面で使っておけば、スムーズに理解できると思われます。

**T:** You know Mr. A is a good soccer player. Can he play soccer well? Yes, he can. He can play soccer very well. But can he play soccer here in the classroom? No, he can't. He can't play soccer in the school building. We can't play soccer in the school building. Can you kick a ball in the classroom? No, you can't.
　We have a lot of rules at school. For example, can you read comic

## 4. 助動詞 (can)

books at school? No. You can't read comic books at school. Can you bring a lot of money to school? No, you can't. How much can you bring to school?（生徒から「500円！」という声が出る）Yes. You can bring only 500 yen to school. That's our school rule.

校則を題材に話をすれば、許されていること、許可されていないことが自然と話題になるので、can, can't の文を作ることができます。注意するべきことは、have to や must が未習なので、校則の中でこれらを使う文にならないようにすることです。そのためにも、教師のほうであらかじめ代表的な校則を英語にして準備しておくとよいでしょう。

それらの語句を口頭練習して言えるようにしておけば、ペアになって学校の校則について、一人が学外者の役になり、尋ね合う練習ができます。

**(4) ねらい**: can を使って依頼したり許可を求めたりする表現ができることを教えます。教室内の状況を使います。

---

（両手に荷物を抱えてドアの前に立ち、ドアの近くの生徒にむかって）
**T**: Can you open the door?
（生徒がドアを開け）
**T**: Thank you.（一度出て行き、また戻ってくる）

Ok, can I start today's class?（出席簿をつけようとしてペンがないのに気づく）Oh, I don't have a pen. S1, can I use your pen?（ペンを借りて）Thank you.（黒板に日付を書こうとして）What's the date, today? Can you tell me the date? S2, can you write today's date on the board?（黒板消しが汚いのに気づいて）S3, can you clean the eraser?（チョークが少ないのに気づいて）Oh, I need more chalk. S4, can you bring some chalk from the office? Isn't it too bright near the windows? S5, can you close the curtains? Thank you.

Now S5 closed the curtains.
（窓の近くに行って）
Sometimes I feel hot. I want to open the window. But how about other people? Is it OK to open the window? So ask your classmates.

> Can I open the window?
> 
> Today I don't have a pen. This is Mr. A's pen. Is it good manners to use his pen without asking? It's very bad manners. Before using your friend's pen, always ask, "Can I use your pen?"
> 
> When you go into someone's room, before opening the door, you knock the door. And you ask "Can I come in?" These are good manners.

この後で、能力を問う Can 〜? から派生した機能的使い方について、簡単に説明しておきます。

## 4.3　生徒の活動

### (1)　できる遊びを調べよう

目的：Can you 〜? を使って、友だちのできるゲームやスポーツを尋ねる。
活用技能：Listening & Speaking
活動時間：10〜15 分
準備：ski, play *igo* など尋ねるべき項目の書かれた表
手順：

① 尋ねるべき項目をはじめにカードで黒板に貼るなどして、文を口頭練習する。Can you ski? となるべきところを *Can you play ski? などの誤文が出ないようにする。

② 答え方——Yes, I can. I can ski. または No, I can't. I can't ski.——も口頭練習する。そのさい、肯定文のときに can が強くなりすぎないように、個人でも言わせてよく確認する。

③ 実際に聞かせる前に、予想を書き込ませる。

④ ペアで聞き合わせる。

⑤ 答えを書き込んだシートを見ながら Can your partner ski? という教員の質問に答える。

⑥ ノートに自分が聞き取った内容を文章で書かせる。

## 4. 助動詞 (can)

〈ワークシートの例〉 できる遊びを調べよう！

|  | Yes or No |
|---|---|
| play *shogi* |  |
| play *igo* |  |
| play *Yu-Gi-Oh!*（遊戯王） |  |
| play chess |  |
| ski |  |
| snowboard |  |
| ride a monocycle |  |

(2) 絵に合わせた文を言おう

目的：依頼の Can you ～? と許可を求める Can I ～? をとっさに言えるようにする。

活用技能：Listening & Speaking

活動時間：5分程度

手順：依頼の場面、および許可を求める場面の絵を小さいカード（次ページ参照）にし、ペアに1組ずつ渡す。カードを裏にして、めくった絵に合う表現を即座に言う。言われた相手はにこやかに Sure. と言う。

## 【Additional Activity】

もう一山、Yes と No が書かれたカードを何枚か裏にして置いておき、こちらはペアの相手がめくる。Yes. が出たら先ほどと同様に Sure. でよいが、No. が出たら、Sorry. と言って、その後できない理由を英語で言わなくてはならない。

【カード例】

Can you open the door?

Can I ask a question?

Can you pass me the sugar?

Can I go and get my textbook?

Can you close the window?

Can I eat the cake?

# 5 助動詞 (must, should, have to)

## 5.1 「助動詞」導入の流れと指導のポイント

can の導入後ならば、その他の助動詞については、疑問文や否定文の作り方といった形式面での定着を図る時間をある程度短縮でき、場面と意味により焦点を当てることができます。

must／should の違いは、must は「必要性」を、should は「したほうがよいこと」を表す点にあるので、should の導入にはアドバイスの場面などを使うとよいでしょう。

ここでは must／have to を取り上げ、指導の実際について考えます。

must／have to を自然に導入できる場面として、校則・各家庭での決まりごと・文化による生活習慣の違いなどを話題にすることが考えられます。生徒にとっても身近なトピックなので、自発的な発話を促しやすいというメリットがあります。

> **must/have to の指導のポイント**
> ☆must と have to の使い分けを意識させる。
> ☆must(「しなければならない」)の反対は must not(「してはならない」)ではなく、don't have to(「しなくてもよい」)であることを理解させる。

must と have to の使い分けについては、「must が話し手の主観を、have to は外的要因の存在を表す。よって、法律や規則の文言には have to を使うのが普通」といったことについてはそれとなく言及すれば充分ですし、中学の導入段階であまり気にする必要はありません。しかし、形式操作面での区別(must には過去形がないので had to を使う、助動詞の後は have to を使う等)はきちんと理解し運用できるようにしなければなりません。生徒が must／have to を現在の文脈である程度使えるようになったら、過去について語る場面や未来を予測する場面を設定し、had to や will have to を導入します。また、音声面では、have to の v の部分は f 音で発音されることが多いので、教師は意識的に f の音を使って発話し、生徒にもリピートさせましょう。

must の反対の意味を表す表現については、まず学校生活や社会生活で「しなくてはならないこと」と「しなくてもよいこと」の対立から導入し、次に「してはいけないこと」の話題に進むと生徒は理解しやすいでしょう。

## 5.2 導入場面

日米の学校生活を比べ「規則の違い」を話題にすると、生徒の興味をひき、内容理解に集中してくれます。イメージしやすいよう何枚か写真を用意しておくとよいでしょう。ALT とのティームティーチングが可能なら、その先生の出身国の学校生活と比べながら導入すると、一段と生き生きとした授業になります。

### (1) 助動詞の使われる「場面」の導入

> **T:** (何枚かアメリカの学校生活の様子を表す写真を黒板に貼っておく)
> School life in America is different from that in Japan. For example, the new school year starts in September in America, so they have no summer homework. But in Japan, we must do a lot of summer homework.
> **S:** うらやましい……
> **T:** Another example. What do you do after school?
> **S:** Club activities.
> **T:** Before club activities, what do you do?
> **S:** Clean our classroom?
> **T:** Yes, we must clean our classroom. But in America, they don't have to clean their classroom.
> **S:** やっぱ、うらやましい……
> **T:** Another difference is, we must wear indoor shoes in the school. We have to wear indoor shoes, but they don't have to change their shoes. They don't have to wear indoor shoes. Then, is everything different between Japan and America? No. Some rules are the same. We must not speak loudly in the library in Japan. We must not eat in class in Japan. They must not speak loudly in the library in America. They must not

**5. 助動詞 (must, should, have to)** 65

eat in class in America.

## (2) 理解の確認

4枚のイラストを用意し、イラストを見せながら生徒に発話させ、理解できているかどうかを確認します。

[イラスト] ①ホウキの絵、②上履きの絵(「上履き」の言い方を知らないと思われるので indoor shoes と文字も入れておく)、③大声で話している人の上に×印をつけた絵、④食品(ハンバーガーなど)の上に×印をつけた絵

①と②は must と don't have to の対立を理解させるためのものです。①を使って教師の発話をまねさせ、②を見せて生徒自身に文を作らせます。③と④は must not を理解させるためのもので、やはり③で教師のまねをさせ、④では生徒自身の発話を促します。

[①と②のイラストを使って must と don't have to の対立を確認する]
**T:** 'We' are Japanese. 'They' are American. (イラスト①を見せながら) We must clean our classroom. S1.
**S1:** We must clean our classroom. (以下、適宜生徒を指名し、最後にクラス全員で言わせる)
**T:** (①を見せたまま、首を振りながら) They don't have to clean their classroom. S2.
**S2:** They don't have to clean their classroom. (have to の発音に注意する) (以下、適宜生徒を指名。最後にクラス全員で言わせる)
**T:** (イラスト②を見せながら) Make a sentence with 'we' and 'in school'. (全員の生徒に少し考えさせてから) S3.
**S3:** We must wear indoor shoes in school.
**T:** Good! (以下、適宜生徒を指名。最後にクラス全員で言わせる)
**T:** (②を見せたまま) Make a sentence with "they". S4.
**S4:** They don't have to wear indoor shoes in school.
**T:** Great! (以下、適宜生徒を指名。最後にクラス全員で言わせる)

> [③と④のイラストで must not の使い方を確認する]
> **T:**（イラスト③を見せながら）We must not speak loudly in the library. S5.（以下、適宜生徒を指名。最後にクラス全員で言わせる）
> **T:**（③を見せたまま）They must not speak loudly in the library. S6.（以下、適宜生徒を指名。最後にクラス全員で言わせる）
> **T:**（イラスト④を見せながら）In class. Make a sentence. S7. We…
> **S7:** We must not eat in class.
> **T:** Excellent!（以下、適宜生徒を指名。最後にクラス全員で言わせる。次に、"They must not eat in class." の文も同様の手順で考えさせ、個人を当てた後、クラスで言わせる）

　口頭での確認作業が一通り終わったら、日米それぞれの説明に使った例文を表にまとめたものをプロジェクターで示します。また、We must clean our classroom. の下には We have to clean our classroom. の例文も並べ、どちらもほぼ同じ意味を伝えていることを理解させます。

　had to や will have to についての指導は次の時間にします。たとえば、教師が When I was a child, I had to walk my dog every morning. 等、家族の中で自分に課せられていた役目について語ったり、生徒の将来について When in the third year, you'll have to study hard to pass the entrance examination for high school. のように話を展開するとスムーズです。

## 5.3　生徒の活動

### (1)　家でのお手伝い調べ

　各家庭でどのような手伝いをしているかを披露しあうことで、家族における自分の役割について考えを深める機会となります。

目的：ルールについて英語で話し合えるようになる。
活用技能：Reading, Writing, Speaking & Listening
活動時間：30 分
準備：生徒が家庭でやりそうな仕事を英語で表現した語彙リストと、Q&A に使う会話パターンとを印刷したハンドアウトを作る。

> [仕事の例] clean the toilet / go shopping in a supermarket / prepare breakfast / take care of little brothers and sisters / set the table / wash dishes / walk the dog
>
> [Q&A パターンの例]
> A: What do you have to do at home?
> B: I have to clean the toilet every Sunday. How about you?
> A: I don't have to clean the toilet. But I must wash dishes in the evening every day.

手順:
① モデルとして、教師が家庭でやらなければならないことについて話す。
② ハンドアウトを配布し、自分がやっている項目に○をつけ、リスト以外にも手伝っていることがあれば空欄に書き込むよう指示する。
③ ハンドアウトのQ&Aパターンを使ってペアで話し合わせる。
④ 話し合いの後、自分のパートナーについてクラスに報告させる。こうすることで主語をHe／Sheに変えた練習ができる。

(2) 留学生へのアドバイス

　自分たちのクラスに留学生が来ることを想定し、日本での暮らしや学校生活に関してどのようなアドバイスをすればよいかを考える活動です。助動詞がたくさん出てきます。グループで取り組ませるとよいでしょう。

目的: アドバイスに使う英語に慣れるとともに、日本独自の習慣や考え方を見直す機会とする。
活用技能: Writing, Speaking & Listening
活動時間: 30分
準備: アドバイスを箇条書きにまとめるための用紙を用意する。
手順:
① 3, 4人のグループを作り、留学生に対してどんなアドバイスをしたらよいか話し合わせる。そのさい、学校生活とホームステイ先での生活両方の場面を想定するよう促す。ブレインストーミングが主眼なので、話し合いに日本語が混じってもよしとする。

② 各グループで出たアドバイスを、you を主語にした箇条書きにまとめるように指示。
③ グループごとに発表させる。全員が順番に発言することと、短い文なので Read and Look-up の要領で聴衆とアイコンタクトを取りながら発話することを徹底させる。

［発表例］

> **S1:** We'd like to give you some advice.（この文言を用紙の最初に印刷しておく）
> **S2:** First, at home you must take off your shoes.
> **S3:** In school you have to wear indoor shoes.
> **S1:** You must use chopsticks at some restaurants in Japan.
> **S2:** You must not bring snacks to school.
> **S3:** But you should bring some chocolate to give our homeroom teacher because she loves sweets. This is わいろ.

## 【発展】 Writing 活動

メールの形で留学生へのアドバイスをまとめさせる。冒頭の挨拶や結びの言葉など、メールでの定型文に慣れる練習にもなる。

# 6 進行形（現在進行形）

## 6.1 「現在進行形」導入の流れと指導のポイント

　現在進行形の形「be＋〜ing」自体は、生徒にとって比較的なじみやすいもののようです。ただし、「be 動詞」の後にそのまま動詞の原形をつなげてしまう形も出てきやすいので、よく注意して生徒の発話を聞く必要があります。

　現在進行形の導入時は、動詞の現在形が示すこと（状態 ex. I have a sister.／習慣 ex. I get up at six in the morning.／真理 ex. The moon goes around the earth.）と現在進行形が示すこと（今、進行中の動作）の対比がはっきりするような流れを意識することが大切です。

　導入の場面として、いろいろな動作をしている絵を見せながら "He is cooking dinner." "She is running in the park." などのように現在進行形を次々にインプットしていくことが考えられますが、この時もまず冒頭に現在形を使った状況設定を付け加えると、それぞれの形が持つ機能についてより深く理解することができます。

　たとえば、少年がサッカーをしている絵を見せ、"Taro loves soccer. He wants to be a good soccer player. He practices every day. Now he is playing soccer with his teammates in the school yard." と説明します。このように丁寧に導入したうえで、生徒がある程度現在形と現在進行形の違いを認識したら、次は１つの絵の中でたくさんの人が様々な行動をとっているものなどを利用して、進行形の形ばかりを大量にインプットすると効果的でしょう。

> **現在進行形の指導のポイント**
> ☆現在形と現在進行形の機能の違いを意識させる。
> ☆be 動詞の後に正しい形で現在分詞を使えているか注意する。

## 6.2 導入場面

　一般的には絵を使った導入や、教師自身がその場でいろいろな動作をしながら導入することが考えられます。生徒を指名して "Please 〜." と何らかの動作をさせ、その様子を見ながら "Now, he is 〜ing." と解説するやり方もあります。さらに映像を使い実況放送のような方法をとると、準備の手間はかかりますが、生徒の興味をひきやすく臨場感あふれる導入となります。

### (1) 現在進行形の使われる「場面」の導入

　ここでは映像を使うことを考えてみましょう。ALT に協力をお願いし、事前にその方の1日の様子を、家族の協力を得てビデオに収めておきます。一人暮らしの場合は、友人の協力を頼んだり、教師本人が出向くことも考えられます。

　また、授業用にプロジェクターのある教室を押さえておきましょう。

> **T:** Today, let's look into the secret life of Mr. Steele 〈← ALT の名前〉. He is from New Zealand. Now he lives in Saitama and teaches English to us.（1. ビデオで朝の食事の場面）Oh, look at that! He has a cute son! His son's name is Kai. Now he and his family are having breakfast. His wife is feeding Kai yogurt. He loves yogurt.（2. 授業の場面）Here, Mr. Steele is teaching you. Kenta〈← 生徒の名前〉is answering a question. Good job, Kenta! Mr. Steele is smiling. Wait, where am I? Guess. Yes, I'm shooting the video. So I'm not in the video.（3. 家で子どもとキャッチボールしている場面）Now, Mr. Steele is back home. He likes baseball. Now, he is playing catch with his son. He is throwing a ball. Kai is running and running. Nice catch! They look happy.（4. パジャマ姿の ALT が洗面している場面。時計も映っている）It's 11 o'clock. Mr. Steele usually goes to bed at 11:00. He is washing his face now. Next, he is brushing his teeth. He is looking at the camera. Oh, he is waving his hand. He is saying something. What did he say? Did you catch it? Yes, he said, "Good night."

## (2) 理解の確認

ビデオを再生しながら生徒と問答をし、内容の理解と形式の理解ができているかを確認します。

> **T:** Where does Mr. Steele live?
> **S1:** In Saitama.
> **T:** Please say it again. He... （動詞の形を確認するため、フルセンテンスでの答えを求める）
> **S1:** He lives in Saitama.
> **T:** Thank you. What does he do in Japan?
> **S2:** He teaches English.
> **T:** OK.（場面 2 を再生する）Then what is he doing now in the video? He is?
> **S3:** He is teaching English.
> **T:** Yes, he is teaching English.（ここで teaching と書いたカードを見せる）Teaching, class.（全員に単語をリピートさせる）He is teaching English, class.（全員にセンテンスをリピートさせる。次に何名かの生徒に言わせる）Good. Then, what is Kenta doing?
> **S4:** He is speaking English.
> **S5:** He is answering a question.
> **T:** OK. Both are right.

このような流れで、ビデオを再生しながら現在形と現在進行形を交えて生徒との問答を展開し、形と意味の違いに気づかせていきます。be 動詞の後の -ing 形があいまいな場合は、そのたびにきちんと言い直しをさせましょう。

最後に現在形と現在進行形を対比させた板書を示し、まとめをします。My father **usually** cooks dinner on Sunday. / My father is cooking in the kitchen **now.** などのように副詞を上手に使って、意味の違いがはっきりする例文を考えましょう。

## 6.3 生徒の活動

### (1) ジェスチャーゲーム

大昔に放映されていたNHKテレビ番組の教室版です。

生徒は5,6人でチームを作り、代表が演じるジェスチャーが何を表しているかを当てます。演じるお題は教師が紙に書いて用意しておき、代表にだけこっそり見せます。班員は5人チームなら4回まで、6人チームなら5回まで質問をしてよいこととし、1回目で当たったら4ポイント(6人チームなら5ポイント)、2回目なら3ポイント(ないしは4ポイント)というようなルールを設定し、総合得点を競い合います。

目的：現在進行形を使った描写が素早くできるようになる。
活用技能：Speaking & Listening
活動時間：30分
準備：ジェスチャーのお題を書いた紙片を生徒の人数分用意する。お題として以下のような例が考えられる。ひとつのチームに対して易しいものと難しいものがバランスよく当たるように工夫したい。

・You are playing blind soccer.
・You are eating hot spaghetti.
・You are having a bad dream.
・You are walking through a haunted mansion.（単語がむずかしければ「お化け屋敷」という日本語を与えてもよい）
・You are asking a beautiful woman to marry you.

手順：
① クラスの人数に合わせ5,6人のチームを作る。
② Team Aから始める。メンバーのひとりが教師の所へお題を見に行き、皆の前でその場面を演じる。
③ ジェスチャーを見てTeam Aのメンバーはひとりずつ順番に、Are you taking a shower? などのように質問し、演技者はYes, I am. または No, I'm not 〜ing. と答える。
④ 正解が出たところで、演技者を交代。最後まで正解が出なかった場合は本人が "I'm 〜ing." と言う。

⑤　そのチームの最後の生徒が演じ終わったところで、チームの総合得点を板書する。
⑥　Team B のメンバーで同じ手順を繰り返す。
⑦　全チームが終わったところで総合得点を比べ、優勝チームを決める。
　＊生徒全員がジェスチャーをする時間が取れない場合は、各チームから代表3名ずつ、などとします。または、帯活動にして授業ごとに1チームずつ、というやり方もできます。
　＊お題を考えるのが大変なら、生徒に「ジェスチャーゲームのお題」として現在進行形の文をいくつか書かせて集め、その中から採用してもよいでしょう。ライティングの課題にもなります。その他、ALT に相談してみるのも発想が広がってよいものです。

## (2)　同じ人探し

　インフォメーションギャップを利用した活動です。同じ構図の中で人々がいろいろな動作をしている2枚の絵を、ペアになった生徒に渡します。生徒はお互いの絵を描写しあいながら、両方の絵の中で同じことをやっている人を探します。
　この活動では、現在進行形の強化だけではなく、場所・位置を表す副詞語句 (near 〜, next to 〜, in front of 〜, on the right side 等) も数多く練習することができます。

目的：現在進行形を使って情景描写をすることに慣れ、情報を交換できるようになる。
活用技能：Speaking & Listening
活動時間：10分
準備：大勢の人間が様々な動作をしているが、一部に違いのある2枚の絵を用意する。ESL の教材には「違うところ探し」活動のための絵がよくある。これを逆手に使って、同じ動作探しに利用すると便利。活動前に同じ動作をしている人間の数をあらかじめ確認しておくこと。教材に関しては、ESL 関連のオンラインサイトを検索するのも参考になる。
手順：
①　ペアにそれぞれ1枚ずつ絵を渡し、絵の内容を交互に描写しながら、

2枚に共通する動作をしている人物を見つけ出すよう指示する。
〈指示の例〉

> **T:** Now take a good look at your picture. There are many people doing many things in the picture. What are they doing? Tell your partner one by one. Never show your picture to your partner. OK? When you speak, take turns talking. If you find the same person in your pictures, circle that person. How many people are doing the same things in your pictures? Find as many as possible in 5 minutes.

② 生徒は交互に自分の絵の内容を描写し、同じ動作をしている人間がいたらそれぞれを丸で囲む。
③ 制限時間がきたら活動をやめさせ、同じ動作をしている人物を何人見つけられたか、各ペアに答えさせる。
④ 正解の人数を告げ、その数にどれだけ近いかを競う。
　*絵が得意な生徒に、活動用の教材を描いてもらってもよいでしょう。自分の作品が授業で使われるのは、生徒にとって誇らしいものです。

# 7 過去形（be 動詞、一般動詞、過去進行形）

## 7.1 「過去形」導入の流れと指導のポイント

　過去形は中学 1 年生の終わりに入れられていることが多いようです。現在形の段階で be 動詞と一般動詞をしっかり理解していれば過去形の理解はそれほど難しくありません。ただし、-ed の発音（[d]なのか、[t]なのか）と不規則動詞には慣れることが必要です。taught などは定着が悪い語の一つです。また、作文では、単純な過去形で書くべきところを過去進行形で書いてしまう例がとても多く見られます。一つ一つ形を覚えなければならない一般動詞の過去形を使うよりも、was, were＋-ing は作るのが簡単だからかもしれません。

> **過去形の指導のポイント**
> ☆-ed の発音を理解し、サッと言えるようにする。
> ☆不規則動詞は、口ずさんで覚えるだけでなく文の中で見たり使ったりする練習も行って慣れる。
> ☆過去進行形と単純な過去形との区別をつける。

## 7.2 導入場面

### (1) be 動詞の過去形の使われる「場面」の導入

　結婚によって変わった姓や、去年所属していたクラスを話題にして be 動詞を導入します。

> **T:** All of you know my name. What is my name?
> **Ss:** Ms. Kubono.
> **T:** Right. My name is Kubono but 20 years ago my name was not Kubono. What was my name? What do you think? Please guess.
> **Ss:** Suzuki? Sato?
> **T:** A hint. The first letter is H.

**Ss:** Hamada? Harada?

**T:** I'll tell you the answer. My name is Kubono now but 20 years ago my name was Hashimoto.

　How old are you now? Thirteen? How old were you one year ago? Now you are 13 but last year you were 12. Now I am a teacher but 30 years ago I WAS not a teacher. I WAS a student. You are a student now but 12 years ago you WERE not a student. You WERE a baby.

ここで板書と単語 was, were の発音練習を行います。

```
am, is → was
are    → were
```

### (2)　be 動詞の過去形を使った生徒の活動――1 年前クラス替えをしている場合

**T:** Now all of you are in Class 1. How about last year? Were you in Class 1, S1?

**S1:** 2 組。

**T:** Oh, you were in Class 2. Everyone, which class was S1 in? She was in Class….

**Ss:** Class 2.

**T:** She was in….

**Ss:** She was in Class 2.

**T:** How about you, S2?

**S2:** I was in Class 2, too.

**T:** Which class were S1 and S2 in?

**Ss:** They were in Class 2.

**T:** Can you ask your classmates? Let's practice the question sentence, "Which class were you in?"

**Ss:** Which class were you in?

**T:** Then you answer. S3?

7. 過去形（be動詞、一般動詞、過去進行形） 77

> **S3:** I was in Class 5.
> **T:** Good. Answer me all together. Which class were you in?
> **Ss:** I was in Class… （口々に答える。教師は耳に手を当てて、バラバラな答えも聞き取ろうとするジェスチャーを見せる）
> **T:** Oh, in this class, many students are from Class 5. （Class 5 と答えた生徒の声が大きかったことを言い、大きい声を奨励する）
>   Now you can ask and answer. Please ask many of your classmates.
>
> 〈ワークシート〉
>   出身クラスを尋ねて、正の字で何人いたか記録しよう。

(3) 導入が1年時でクラス替えを話題にしにくい場合の活動

> **T:** Your homeroom teacher is Mr. Suzuki. Last year, who WAS your homeroom teacher? How about your music teacher? Who was your art teacher? Ask your partner.
>
> 〈ワークシート〉
>   隣の人に、去年の担任の先生、音楽の先生、図工の先生（your art teacher）の名前を聞いて書き込もう。

　(2)の練習とは異なり、歩き回るのではなく、隣とペアで行います。この活動では were を使えないので、最後に Were they good teachers? と聞かせてもよいでしょう。なお、蛇足ながら「こういう質問には必ず Yes と答えるものだよ」と付け加えておいても面白いかもしれません。

(4) 一般動詞の過去形の使われる「場面」の導入

> **T:** S1, you are on the soccer team, right?
> **S1:** Yes.
> **T:** Do you play soccer every day at school?
> **S1:** No. Not every day.

T: I see. How about yesterday?（yesterday の意味をはっきりさせるためにカレンダーを指差すとよい）
　　Did you play soccer yesterday?
S1: きのう……昨日水曜だから部活ありません。No.
T: Oh. No, you didn't. How about two days ago?
S1: 火曜はやりました。Yes.
T: Yes, you did. Everyone, S1 likes soccer. He plays soccer. But yesterday he didn't play soccer. Last Tuesday he PLAYED soccer. S2, you are on the soccer team, too, right?
S2: Yes.
T: Then you played soccer on Tuesday, too.（クラスに向かって）S1 and S2 played soccer on Tuesday. They played soccer on Tuesday.

## 7.3　生徒の活動

### (1)　昨日したことを当てよう

目的：Did you 〜? を使って質問し、また long answer で答えることで、一般動詞の過去形に慣れる。既習であれば、不規則動詞も意図的に多く入れて慣れさせる。

活用技能：Listening & Speaking

活動時間：10〜15 分

準備：play tennis, cook dinner, help your mother, study など尋ねるべき項目の書かれた表

手順：

① 「我が家の昨日の様子」として、家族がそれぞれ昨日何をしたかを、選択肢から選んで書き込ませる。練習のためのゲームなので、架空の内容でかまわない。

② ペアを作り、右側の生徒からなど指定して（またはジャンケンで先攻を決め）、先攻は

　　Did you swim yesterday?
　　Did you buy a CD yesterday?

と 2 文聞く。
　2 回聞いて当たらなかったら　What did you do yesterday? と聞く。答えるほうは、正解を英文で言う。4〜5 分で攻守を交代させる。

〈ワークシート例〉　我が家の昨日の様子

|  | 昨日したこと<br>下から 2 つ選んで書く | 相手に当てられてしまったら×を書こう |
|---|---|---|
| 自分がしたこと |  |  |
| 父がしたこと |  |  |
| 母がしたこと |  |  |
| 兄がしたこと |  |  |
| 姉がしたこと |  |  |

　選択肢： play tennis, study, help your mother, cook dinner, listen to music, swim, sing, buy a CD, go to *juku*, eat snacks
　自分が相手を 2 回以内で当てられた数（　　）

　表に書き込ませるとき、過去形にして書けば、書く練習になりますが、答えるとき、読み上げにならないように配慮しましょう。

## (2)　相手の行動を徹底的に追求しよう

目的： 機械的なドリルから離れて、実際の行動を題材に応答できるようにする。
活用技能： Listening, Speaking & Writing
活動時間： 20 分
準備： メモを取る用紙を一人 2 枚用意する。1 枚には自分の行動をメモする。2 枚目は、応答の結果聞き取った相手の行動をメモする。
手順： 教師がはじめにモデルを示す。

> **T:** I'm going to tell you what I did yesterday evening. Listen and take notes in your notebook. Yesterday I left school at seven o'clock. I went to a

supermarket and I bought some meat and vegetables. After that I picked up my son and took him home. I cooked dinner. I cooked 肉じゃが. All my sons ate a lot of it. After that we watched TV. I read a newspaper too. I took a bath. I washed the dishes. I washed rice for tomorrow's breakfast. I read a picture book to my son. I went to bed.

　OK. Can you make questions about what I did yesterday evening? I want to answer, "Yes". So don't make a question such as "What did you cook?" You should ask "Did you cook 肉じゃが?"

生徒に質問をさせます。

**T:** Now it's your turn. First, write some key words about your yesterday evening on the first sheet. Make pairs. The right hand side students will ask first. Guess what your partner did yesterday and ask. When you listen to your partner's answer, take notes on your second sheet.

　教師のモデルは、先に文章を聞き取らせて答えがイエスになる質問をさせるというものです。一方、生徒同士の活動では、文章を聞き取らせるのではなく、はじめから推測して質問をしていく形にしています。生徒同士の場合は、まとまった作文をはじめに書かせる負担が大きいことを考えてのことです。また、長期休みや週末を題材にすることもできますが、昨日のほうが記憶が鮮明であり、また当たり前のこと(電車に乗る、塾に行く、夕食を摂るなど)のほうが推測しやすく単語の選択の幅も狭いという点で、練習としては取り組みやすいのではないでしょうか。

　メモを書かせた後は、ライティングにつなげて、作文を書かせるとよいでしょう。

# 8 There 構文

## 8.1 「There 構文」導入の流れと指導のポイント

　There is .... の文を教えるさい、部屋の絵などを見せて There is a desk in the room. などと話していく導入を仮に考えてみましょう。実はまったく同じ絵を使って、物を指しながら This is a desk. とも言えます。生徒にしてみれば、This is a desk. とどこが違うのだろう、ということになりかねません。

　また、絵の中にあるものを There is a desk in the room. There is a clock on the wall. と次々挙げていったところで、「だから何？」と言いたくならないでしょうか。

　もう少し状況を設定して、There is .... を提示したいものです。This is .... とは違う、ということを理解させるためには、絵に見えていない物を使ったほうがよさそうです。そのため、絵がなくてもわかりやすいような物を選ぶ必要があります。次に、There is.... の文を言った後は、その物に関する話が続いていくようにします。

> **There 構文の指導のポイント**
> ☆This is 〜 の提示と同じにならないようにする。
> ☆There is 〜 の文だけを羅列するのではなく、提示した物についての話が続いていくようにする。

## 8.2 導入場面

### (1) There 構文の使われる「場面」の導入

> **T:** Do you know where I live?
> 　　Where do I live?
> **S:** In ○○.
> **T:** Yes. I live near here.  When did I start to live here?  Our family came to this town five years ago.  We moved here.

Before that, where did we live?
**S:** I don't know.
**T:** Our family lived in ××.
○○ and ××.
Which is a better town?
**S:** I don't know.
**T:** I like both towns but they are quite different. In ××, there is a big supermarket. I can buy a lot of things easily. In ××, there is a big park. My sons played and ran there every day. In ××, there are some book stores. I can buy books any time. How about ○○? In ○○, there is only a small park. There is not a big park. In ○○, there is not a big supermarket. And there is not a bookstore. There are not any convenience stores. It's hard for me to go shopping. My town ○○ is a terrible town for shopping.

But this town ○○ has some good points. First, there is a good library near my house. So I can enjoy reading a lot. There is a post office near my house, too. I can go there in one minute. I can buy postcards or stamps very easily. It is ○○ Post Office. And there are four different pizza shops near my house. I can order pizza any time. There are some sushi restaurants, too. There are three sushi restaurants. But my family doesn't go to the sushi restaurants often.

### (2) There 構文の練習

**T:** There is a good library near my home. Is there a library near your house?
**S1:** Yes.
**T:** Oh, good. You can borrow a lot of books. There is a library near your home. Say it, S1.
**S1:** There is a library near my home.
（There is の発音練習を行う）

（何が話題になっているのか視覚的にはっきりさせるために、図書館の絵を貼っておいてもよいでしょう。次から出てくる郵便局等も同様です。しかし、This is ～ の導入のようにならないように、手で指したりはしないようにします）

**T:** S2.
**S2:** There is a library near S1's home.
**T:** Good. How about near your home, S3? Is there a library near your home?
**S3:** No.
**T:** No? OK. There is not a library near your home. Then you must come to the library in our school when you want to read something. There isn't a library near S3's home. Everyone.
**Ss:** There isn't a library near S3's home.
**T:** S3?
**S3:** There isn't a library near my home.
**T:** Good. Is there a post office near my home?
**Ss:** Yes.
**T:** Right. Yes, there is. Is there a big supermarket near my home?
**Ss:** No.
**T:** You're right. No, there isn't. There isn't a big supermarket near my home.
　（Yes, there is. と No, there isn't. の発音練習を行う）
**T:** Ask me about a library. Is there…?
**Ss:** Is there a library near your home?
　（ここでは、自信のない声であっても、また答えがバラバラであってもかまいません）
**T:** Is there a library near your home?
　（モデルを示す）
**Ss:** Is there a library near your home?
**T:** Good.
　（Is there a library? の発音練習を行う）

S1, Ask me about a library again.
**S1:** Is there a library near your home?
**T:** Yes, there is. There is a library near my home. S2, ask me about a big supermarket.
**S2:** Is there a big supermarket near your home?
**T:** No, there isn't. There isn't a big supermarket near my home.
**T:** I'll ask you about convenience stores. Are there any convenience stores near your home, S3?
**S3:** Yes.
**T:** Only one?
**S3:** No.
**T:** How many?
**S3:** Two.
**T:** There are two convenience stores near your home. Ss.
**Ss:** There are two convenience stores near S3's home.
　（There are の発音練習を行う）
**T:** Are there any convenience stores near your home, S4?
**S4:** Yes…
**T:** Yes, there are.
**S4:** Yes, there are.
　（Yes, there are. の発音練習を行う）
**T:** Are there any convenience stores near S4's home?
**Ss:** Yes, there are.
**T:** How about my town? Are there any convenience stores near my home?
**Ss:** No.
**T:** No, there aren't. There aren't any convenience stores near my home.
　（No, there aren't. の発音練習を行う）
**T:** Are there any convenience stores near my home?
**Ss:** No, there aren't.

## 8.3 生徒の活動

(1) ペアで、お互いの家の近くに次のものがあるか、尋ねてメモする。

・a library　・bookstores　・convenience stores

(2) 自分の町の紹介をする。

> **T:** You know something about my town. There aren't any big supermarkets. There aren't any convenience stores. My town is very quiet. It's not a good place to enjoy shopping. But there is something good in my town. There is a public bath in ○○. Its name is Tsukinoyu. It is more than 70 years old. We don't go there often but when you visit this public bath, you can see the public bath from *Showa* Era. This is my town. Next your turn. Write about your town. Then use the expressions "There is…", "There are…". When you write "There is…", always write ABOUT the thing. If you write "There is a post office near my home," the next sentence should be "THE post office is…."
> （There is の文の後は、その物についての話を続けるように指導する）

# 9 when/if/that 節

## 9.1 「when/if/that 節」導入の流れと指導のポイント

　学校文法では「when 節」「if 節」「that 節」を同じものであるかのように扱います。つまり、when も if も that も「従属接続詞」であるとし、これらを用いた文を一括りにして「複文」と呼ぶのです。しかし、

My mother was making breakfast <u>when</u> I got up in the morning.
I think <u>that</u> the book is very precious.

というような例で明らかなようにそれらを同じものとして扱うのは間違いです。when は節と節とをつなぐ働きをしているのであり、when 節を文の左に移動することも可能ですし、when の左右の節はそれぞれ独立した文となることが可能です。一方、that は I think ... という文の中に the book is ... という文を埋め込む働きをしているのであり、that 以下を文の左に移動することは不可能ですし、that の左 (I think) は通常独立した文とはなりません。また、that は when や if とは異なり、その単語の意味をほとんど持っていません (したがって、省略しても意味上の問題は生じません)。
　when や if と that を同じものとして教えるのは、まさに「文法のための文法」を教えることになります。「節と節を結ぶ when や if」と「文の中に文を埋め込む that」とに分けて指導したほうが生徒も理解しやすいのですから、言語事実の点からも教育上の配慮という点からも、それらを別のものとして教えるべきだということになります。
　when や if を指導するさいには、それぞれの単語の意味を確認したうえで、それらが節と節を「つなぐ」働きをしていることを理解させることがポイントとなります。そのさい、日本語との語順の違いや仮定法との関連 (中学生への指導であれば仮定法が出てこないようにすること) に配慮が必要です。
　一方、that に関しては、I think that 〜 や Do you know that 〜? などの表現を決まり文句的に扱うことから導入し、文の埋め込み以外も含めた様々

な「that 節」は別の機会に扱うこととします。

> **when/if/that 節の指導のポイント**
> ☆when 節や if 節などと that 節とでは、それぞれ学習のポイントが異なる。
> (A) when 節や if 節に関しては、それぞれの接続詞の意味を理解させ、節と節のつなぎ方として〈X when Y〉と〈When Y, X〉の２つのパターンがあることを理解させる。
> (B) that 節に関しては、I think that ～ や Do you know that ～? などを定型表現的に学習することから導入していく。

## 9.2 導入場面

### (1) when/if/that 節の使われる「場面」の導入

教師が、自分が昨日の何時頃にどんなことをしていたのかを語ります。語りながら、「～時頃」「～をしていた」という内容を英語で黒板に書いていくとよいでしょう。昨日の自分の行動を説明する中で、when を用いて「～したときに、～だった」という内容を語っていきます。なお、ここでは基本的に〈When Y, X〉のパターンを用いています。

---

（Mr. A には教員の名前が入る）

**T:** When did you leave school yesterday? Some of you left school at 5:30 and the others left school earlier. Well, I left school at 6:00. When I left school, Mr. A left school, too. Mr. A and I walked to the station together. We got to the station at 6:15. When we got to the station, the station was very crowded. Many people were waiting for the trains. Mr. A and I took different trains. I got on the train at 6:20 and got off the train at 7:00. When I was on the train, I was reading a book.

　I walked for 20 minutes and got home at 7:20. When I got home, my wife and my daughter were waiting for me for dinner. I took a bath quickly and we ate dinner together at 7:30. After dinner, I watched the news on TV from 8:30 to 9:30. When I was watching TV, my daughter was doing her homework.

> At 10:00, I started to study English. Yes. I study English every day. When I was studying English, my daughter was watching TV. She was watching her favorite music program.
>
> I stopped studying English and went to bed at 11:00. When I went to bed, my daughter was still watching TV.

〈板書〉

```
6:00       I left school.
6:15       I got to the station.
6:20       I got on the train.
7:00       I got off the train.
7:20       I got home.
7:30       I ate dinner.
8:30–9:30  I watched the news on TV.
10:00      I started to study English.
11:00      I went to bed.
```

(2) 理解の確認

　生徒に対して何時頃どんなことをしていたのかを尋ね、その答えをもとに、「私が〜していた頃、あなたは〜していた」「私が〜にいた頃、あなたは〜にいた」というような内容の文を理解させたり発話させたりします。なお、ここでは基本的に〈X when Y〉のパターンを用いています。

> **T:** Where were you at 6:00 yesterday?
> **S1:** Well, I was at home.
> **T:** You were at home when I left school yesterday. Right?
> **S1:** Yes.
> **T:** What were you doing then?
> **S1:** I was doing my homework.
> **T:** You were doing your homework when I left school.
> 　So, say, "I was doing my homework when you left school."

> **S1:** I was doing my homework when you left school.
> **T:** (to S2) What were you doing at 6:30 last night?
> **S2:** I was eating dinner.
> **T:** You were eating dinner when I was on a train. Right?
> **S2:** Yes.
> **T:** Say, "I was …."
> **S2:** I was eating dinner when you were on a train.
> **T:** Good.
> (以下、同様の文を作らせる)

## 9.3　生徒の活動

### (1)　活動: Our Personal Histories

　生徒たちに自分の過去を語らせます。年齢ごとに他人と自分とを比較すると、語る内容が同じであっても異なっていても非常に興味を持って語り合うことができます。

目的:「〜歳の頃、〜だった」という内容の文を作らせることによって、基本的な when 節の運用に慣れさせる。
活用技能: Writing, Speaking & Listening
活動時間: 20〜25 分
準備: 生徒が英文を作るさいに参考となるような例文を用意する。
手順:
① 生徒に When I was 〜 years old, I 〜. という形式の文をいくつか示す。
　例）When I was three years old, I was always crying.
　　　When I was five years old, I liked Pokemon very much.
　　　When I was seven years old, I started playing the piano.
　　　When I was ten years old, I climbed Mt. Fuji.
② 生徒に、例のような文を 5 つ作るように指示を与える。そのさい、5 つの文をすべて異なる年齢にするよう注意を与える。
③ 作った文を口頭で発表させる。発表は年齢ごとに行う。つまり、まず、

クラスの中の「1歳の文を作った人」全員に「1歳の文」を発表させる。続いて、「2歳の文」「3歳の文」...という順番に発表させていく。同じ年齢でも人によって考えることややることが異なるので、生徒はお互いの発表を興味を持って聞くことになる。

例）「5歳の文」

  S1: When I was five years old, I liked Doraemon very much.
  S2: When I was five years old, I went to Hawaii with my family.
  S3: When I was five years old, I went skiing for the first time.
  S4: When I was five years old, I played the piano every day.
  S5: When I was five years old, I climbed Mt. Fuji.

## (2) 活動「おかしな伝言ゲーム」

「ねえねえ、〜だって知ってた？」などと友だちに向かって言う場面は日常的に存在します。それをゲーム仕立ての活動にしてみましょう。

目的：伝言ゲームの活動を通して、I heard that …. や Do you know that …? のような that 節を含む表現に慣れさせる。
活用技能：Listening & Speaking
活動時間：10〜15 分
準備：「伝言」として生徒に伝える文を用意する。
手順：
① 次の英語を生徒に示し、その内容を確認し、下線部を覚えさせる。
 We have no classes tomorrow.
 明日は授業がありません。
 <u>I heard that</u> we have no classes tomorrow.
 明日は授業がないそうです。
 <u>Do you know that</u> we have no classes tomorrow?
 明日授業がないって知ってますか？
 <u>I am surprised that</u> we have no classes tomorrow.
 明日授業がないとは驚きです。
 <u>Is it true that</u> we have no classes tomorrow?
 明日授業がないというのは本当ですか？

## 9. when/if/that 節

② ゲームの進め方を理解させる。進め方は以下の通り。
- 4人一組のグループを作り、各グループの生徒に「1番」〜「4番」という番号を振る。
- 4人の生徒は1列に並ぶが、生徒と生徒の間に少し間隔を置く。
- 1番の生徒は先生のところに行き、メッセージを聞く。たとえば、メッセージが "Mr. Suzuki is sick." だとすると、1番の生徒は2番の生徒に近づき、"<u>I heard that</u> Mr. Suzuki is sick." と言う。それを聞いた2番の生徒は、"Really?" と反応する。
- 2番の生徒は3番の生徒に近づき、"<u>Do you know that</u> Mr. Suzuki is sick?" と聞く。3番の生徒は "No." と答える。
- 3番の生徒は4番の生徒に近づき、"<u>I am surprised that</u> Mr. Suzuki is sick." と言う。4番の生徒は "I can't believe it!" と反応する。
- 4番の生徒は先生のところに行き、"<u>Is it true that</u> Mr. Suzuki is sick?" と聞く。
- 先生は、伝言が正しく伝わっていれば "Yes." と答え、間違っていれば "No." と答える。

③ メッセージを変え、生徒の番号を変えて(たとえば、番号を1番ずつずらす)、同様のゲームを行う。

# 10 不定詞

## 10.1 「不定詞」導入の流れと指導のポイント

　不定詞には、原形不定詞も to 不定詞もありますが、ここでは中学校編ということで、to 不定詞を扱います。不定詞は大体中学 2 年生で扱われます。高校に入ると、かなり広がりのある to の使い方にふれますが、それらを別個のものとして扱うのではなく、根幹には to のコアのイメージがあることを感じさせたいものです。そして、to 不定詞に初めて出会う中学生にも、このコアのイメージは伝えたいところです。とはいえ伝統的な 3 用法のとらえ方も充分に利点があり、それもおろそかにせずに教える方針をとりたいと思います。

　3 用法はどの順で教えるのがよいでしょうか。本書では、行き先感覚とつなげやすい「目的」を表す用法をはじめにしました。形容詞用法は 3 つの中で、最も難しいと思われますが、その後の関係代名詞などの後置修飾にもつながるところですので、しっかり学ばせたいものです。

> **to 不定詞の指導のポイント**
> ☆行き先を示す to とのつながりを感じさせる。
> ☆コアイメージを伝えつつ、3 用法のとらえ方も重視する。

## 10.2　導入場面

　通常であれば、伝統的な 3 つの用法を 1 時間で一気に導入するということはないでしょう。復習やまとめの段階であれば、一気に並べてみることも考えられます。ここでは、便宜的に 3 つの用法を並べています。

### (1)　目的を表す副詞的用法の使われる「場面」の導入

（手にバドミントンラケットを持って体育館に向かう人物の絵を出す）
**T:** Look. This girl is Ms. Suzuki (バドミントン部の生徒の名前). She is

in on the badminton team, you know. Where is she going in this picture? Yes. She is going to the gym. She goes to the gym every Tuesday. Why does she go to the gym? Right. She goes to the gym to play badminton. (次に、手に卓球のラケットを持っている人物の絵を出す)

How about this boy? He is also going to the gym. He also goes to the gym after school. Why? Does he go to the gym to play badminton? No, he doesn't. He is a member of the table tennis team. He goes to the gym to play table tennis.

How about this boy? He is Mr. Yamada (サッカー部の生徒の名前). He often goes to the sports field. Why? Of course he goes there to play soccer.

(2) 副詞的用法の理解の確認

教師は次の文を板書します。

Ms. Suzuki goes to the gym   to play badminton.
　　　　　　　　　　　→　　　　　　→

Where does she go? Yes. She goes TO the gym. WHY does she go there? She goes there TO PLAY badminton.

板書に → を描くこと(to を矢印の形で囲むのもよい)と、再度、to を強調して言うことで、to が行き先を示すことを感じさせ、さらに、why と to play を強調して言うことで、今度は向かっている先がバドミントンをする、という「内容・動作」であることを示します。

日本語で補足してもかまいません。

(3) 名詞的用法の使われる「場面」の導入

欲しい「物」と、それに関連した題材で「行いたいこと」を示し、欲しい「物」に当たる部分に to ～ が置かれていることに気づかせます。

**T:** Ms. Suzuki（バドミントン部の生徒の名前）likes badminton. I like badminton, too. I have a racket but it is very old and heavy. I bought my racket 20 years ago. Now we can buy many kinds of light rackets. They are not heavy.

I want a new racket. I want to use a new racket. I don't want to use my heavy racket any more. I want to play badminton with a new racket.

I want to buy a new racket. Ms. Suzuki, do you know a good shop? I want to know a good shop and I want to go there.

Ms. Suzuki is a good badminton player. I don't play well now but I want to be a good player like her.

（関連した題材で、It's 〜 to ... の文にふれさせてもよいでしょう）

Badminton is an indoor sport but when I was a child, I played badminton outside with my sister. Which do I like? Of course I like to play in the gym. It's hard to play badminton in the wind. It's fun to play it in a nice large gym.

### (4) 名詞的用法の理解の確認

教師は次の文章を板書します。

> I want a new racket.
> I want to go to a good shop.
> I like badminton.
> I like to play badminton in the gym.
> It is hard to play it in the wind.

（黒板の文を1文ずつ指しながら質問する）

**T:** What do I want?
**S:** A new racket.
**T:** Right. I want A new RACKET. Then, what do I want to DO?
**S:** …Go to a good shop.
**T:** To go to a good shop.

I want TO GO to a good shop.

（こう言って、a racket という名詞と to go to a good shop という動作が並列していることを視覚的にも、音像的にも感じられるようにします）

**T:** What sport do I like?

**S:** Badminton.

**T:** Yes. Is any place OK? Where do I like to play it? Outside?

**S:** No. In the gym.

**T:** Yes. I like badminton but I don't like to play it in the wind.
I like TO PLAY in the GYM.
It's fun to play badminton but is it easy to play it in the wind?

**S:** No.

**T:** Right.
It is hard to play in the wind.
What is fun?

**S:** To play in the gym.

**T:** Right. It's fun to play badminton in a nice large gym.

このように like の文も badminton という名詞と、to play badminton in the gym という動作が並列していることを感じさせるようにします。

　なお、生徒がすでに動名詞を知っている場合には、動名詞との違いが質問されると思われます。to 〜 は、行き先を示すという意味から言って、これから行われることの意味合いがあることを伝えるとよいでしょう。

## （5）　形容詞的用法の使われる「場面」の導入

**T:** When I was five or six years old, I was not busy at all. I had a lot of time to play. I could read books all day. I could watch TV all day. When I was a student, I became a little busy. I didn't have so much time to play. I didn't have so much time to watch TV. But I had some time to enjoy talking with my friends. I had some time to see a movie. How about now? I am very busy. I don't have time to see a movie. I don't have time to talk with my friends. Sometimes I don't have time to sleep! It's terrible.

> You are students. I think you have time to study and time to read books. I think many of you enjoy reading on the train.
>
> Some of your homes are far from school. You may have a lot of time on the train. I also enjoy doing something on the train. But sometimes I have no books on the train. I sometimes forget to bring some. In that case, I want to say, "I want something! I want something to read!"

### (6) 形容詞的用法の理解の確認

> 教師は下の文章を板書します。
>
> I don't have time to watch TV.
> I don't have time to sleep.
> I want something to read.

**T:** When I am a little busy, I can't watch TV. Why?
**S:** You don't have time.
**T:** Time to …?
**S:** Time to watch TV.
**T:** Yes. Then when I am very very busy, I am always sleepy. Why?
**S:** You don't have time to sleep.
**T:** Good.
　Imagine. You are very hungry, you say, "I want something!" But I can't give you anything because I don't know what you want.
　"Does he want to read a book? Does he want something to read?" I would think.
　What will you say when you want some food, "I want something to read."?
**S:** No. "I want something to eat."
**T:** Good. Then when you are thirsty….
**S:** I want something to drink.

## 10.3 生徒の活動

3つの用法の中で定着が難しいと思われる形容詞的用法を練習します。下の日課表を配ります。

> **T:** Make pairs. Student A will be the other student's mother.
> A asks B, 'What time is it?' Student B answers. Any time in the time table is OK. When A hears the time, A says "Oh, it's time to study.", "Oh, it's time to go to bed," and so on.

**Daily Schedule**

| | | | | | | |
|---|---|---|---|---|---|---|
| 6:00 | a.m. | get up | 8:00 | p.m. | do one's homework |
| 7:00 | a.m. | have breakfast | 8:30 | p.m. | study |
| 8:00 | a.m. | go to school | 9:00 | p.m. | take a bath |
| 12:30 | p.m. | have lunch | 10:00 | p.m. | relax |
| 3:30 | p.m. | enjoy club activity | 11:00 | p.m. | go to bed |
| 5:00 | p.m. | leave school | | | |
| 5:30 | p.m. | go to a cram school | | | |
| 7:30 | p.m. | have dinner | | | |

# 11 動名詞

## 11.1 「動名詞」導入の流れと指導のポイント

動名詞の導入にあたっては、既習事項である現在分詞(進行形)との対比を意識しておく必要があります。

My hobby is growing flowers.

のような、「be 動詞＋動名詞」の構造は現在分詞(進行形)と混同しやすいので、導入に用いるのには適しません。次の導入場面の事例で示すように、

I like watching soccer.

のような例であれば、動名詞の働きが伝わりやすいでしょう。

また、swimming, running, cleaning のように、日本語にもカタカナ語として取り入れられているものは「〜すること」という動名詞の意味が理解されやすいために、導入段階で示す例として適しています。

> **動名詞の指導のポイント**
> ☆現在分詞(進行形)と混同しないよう配慮する。
> ☆日本語のカタカナ語を利用する。

## 11.2 導入場面

日常的な会話の中で、食べ物や映画、趣味など、自分の好みについて話す場面は少なくありません。好みを述べる表現のうち、like 〜ing は平易で生徒にとって扱いやすいものの1つです。そこで、まずこの表現から動名詞を導入することとします。

教員は、授業冒頭の英語による small talk の中で「休日をどのように過ごすか」という話題について自分のことを話します。その中で、生徒と、

## 11. 動名詞

下に示すようなやりとりを行います。情報を対比して述べる文脈を用いることで、動名詞の表す意味が推測しやすくなると期待されます。また、動名詞を使わずに同じ内容を表現することも困難ですので、動名詞の必要性を示すのに適しています。

### (1) 動名詞の使われる「場面」の導入

> **T:** I like sports. Last Sunday, I played soccer with my friends in Chuo Park. It was great fun. Do you like sports, Yuta?
> **S1:** Yes.
> **T:** What sports do you like?
> **S1:** I like soccer.
> **T:** Oh, you like soccer? That's great!
> Do you like playing soccer, or do you like watching it? Do you like PLAYING soccer? Or, do you like WATCHING soccer?
> **S1:** I like playing.
> **T:** Oh, you like PLAYING soccer. Then, Kumiko, how about you? Do you like sports?
> **S2:** No.
> **T:** OK. Then do you like music?
> **S2:** Yes.
> **T:** Do you like PLAYING music? Or, do you like LISTENING to music?
> **S2:** I like listening to music.
> **T:** You like LISTENING to music. I see.
> ⋮

### (2) 理解の確認

上のやりとりの後、次のように板書(プロジェクターで投影)します。

> I like playing soccer.
> I like listening to music.
>     -ing ＝動名詞「〜すること」

板書した例文を斉読でリピートさせます。そして、次のようにやりとりをしながら動名詞の入った文を言わせ、動名詞に慣れさせていきます。

---

**T:** What sports do you like, Yuji?
**S3:** I like tennis.
**T:** Do you like playing it, or watching it?
（いきなり生徒がつまずかないように導入時と同じ動詞を用いる。また、答えやすくするために選択疑問文で発問する）
**S3:** I like playing it.
**T:** OK. Now, Satomi, you're in the art club, right?
**S4:** Yes.
**T:** Then, you're good at drawing pictures, aren't you?
（謙遜して No と言うことを予測してこのように言う）
**S4:** No, no…
**T:** Really? I think she is good at drawing. Kaori, what do you think?
（あえて動名詞を使わず発問することで、動名詞を使って回答するのが自然な状況を作る）
**S5:** Yes.
**T:** Yes, she is …
**S5:** Yes, she is good at drawing.
**T:** Great, thank you. So, you're good at drawing, Satomi.
　　OK, so, you have home economics class this afternoon, and you're going to cook something, right? Is cooking fun?（動名詞が主語になる文構造を導入する）What do you think, Kotaro?
**S6:** Fun.
**T:** What is fun?（動名詞を主語にした英文を言うことを促す）
**S6:** Cooking is fun.

---

## 11.3　生徒の活動

　英語で自分の好みを述べあい、同じ好みを持つ人数を調べる活動をします。

## 11．動名詞

目的：動名詞を使って自分の好みを述べることができるようになる。
活用技能：Listening, Speaking & Writing
活動時間：20分程度
準備：ワークシートを作成する。

〈ワークシート例〉

（例）にならって(1)～(6)のどちらかに○印をつけ、A・B欄の当てはまるほうとつなげて英文を作りなさい。

| A | (例) soccer | (1) cakes | (2) pictures | (3) music |
|---|---|---|---|---|
| I like | play | make | draw | play |
| I don't like | ⦿watch | eat | see | listen to |
| 同意見の人数 | 正 5 | | | |

同じ考えの人が何人いるか数えよう

Total　　　人

（例）I like watching soccer.
(1) ＿＿＿＿＿＿＿＿＿＿＿＿＿＿＿＿＿＿．
(2) ＿＿＿＿＿＿＿＿＿＿＿＿＿＿＿＿＿＿．
(3) ＿＿＿＿＿＿＿＿＿＿＿＿＿＿＿＿＿＿．

| (4) photos | (5) computers | (6) money | B |
|---|---|---|---|
| take | use | spend | is fun |
| look at | make | save | is not fun |
| | | | 同意見の人数 |

Total　　　人

(4) ＿＿＿＿＿＿＿＿＿＿＿＿＿＿＿＿＿＿．
(5) ＿＿＿＿＿＿＿＿＿＿＿＿＿＿＿＿＿＿．
(6) ＿＿＿＿＿＿＿＿＿＿＿＿＿＿＿＿＿＿．

手順：
① ワークシートを配布します。

② ワークシートの指示に従って英文を記入させます。教員は教室を回り、生徒の書く英文に誤りがある場合などに個別指導を行います。
③ 各自の書いた英文を Buzz Reading や Read and Look-up などで練習させます。
④ 次のように説明します。

> Now, you will count how many people think the same way as you. I'll show you an example. I will read my sentences. If you have the same sentence, please count like this.（正の字などを書き、数を数えることを示す）Number one. "I like eating cakes." If you have the same sentence, please count it as one.（生徒が指示通りに数えているか確認する）Number two. "I don't like drawing pictures."（再度、生徒が指示通りに数えているか確認する）OK. You get it?

⑤ 次のように指示します。

> （教室端の列先頭の生徒に対して）Shota, please stand up. Read your sentences number (1), (2) and (3).（他の生徒に対して）Listen to Shota, and if he and you have the same sentence, count it as one.

⑥ 該当の生徒が(1)〜(3)の英文を読み上げ、他の生徒は同じ意見であれば1とカウントします。
⑦ （同じ列の次の生徒に対して）Next, Keiko. Please stand up, and do the same thing.
⑧ 以下、同じ要領で次々と発表させ、他の生徒は何人と同じ意見であったかを数えます。クラスの人数が多いときは、半分の生徒に発表させるなどして活動が間延びしないように配慮します。
⑨ 一通り発表が終わったら、次のように指示・発問します。

> Now, add the three numbers in (1), (2) and (3), and write it at "Total." How many people think the same way as you?

同意見の人数が多い生徒に対しては、You can understand other people well. と言ったり、逆に少ない生徒に対しては、You have a unique idea. と言ったりするなど、いずれにしても悪い印象を与えないよう何らかの

⑩　次に、Now, let's do the same thing with number (4), (5) and (6). のように言って、同じ活動を繰り返します。このとき、(1)〜(3)で発表しなかった生徒がいれば、その生徒に発表させるようにします。

## 【Additional Activity】

　動名詞は、たとえば自分の価値観や好みについて意見を述べる場合など、自身の経験に基づいて一般論を述べるときによく用いられます。次のように意見を書く練習を通じて、動名詞が使われやすい状況にふれさせます。

目的：動名詞を用いて意見を述べることができるようになる。
活用技能：Writing
活動時間：10〜30分。書く分量や書いた後の活動の仕組み方で柔軟に調節できます。
手順：
①　板書やワークシートで、次のような文章の型を示します。
　　(　　ing) is important because ＿＿＿＿＿．
　　(　　ing) is fun because ＿＿＿＿＿．
②　生徒は型に従い、内容は自由に考えて英文を作ります。たとえば
　　Sleeping is important because it keeps us healthy.
　　Drawing is fun because I can forget bad things.
　のように書ければよいものとします。
　　Playing video games is important because it reduces my stress.
　のように、動名詞＋目的語の形を含めるよう指示してもよいでしょう。
③　書いた英文を生徒どうしでシェアしたり、教員が文法・語法や内容についてフィードバックしたりします。

## 12 文型 (SVOC, SVOO, SVC)

### 12.1 「文型（SVOC）」導入の流れと指導のポイント

I must make my speech shorter. に代表される文型 SVOC は、中学生が苦手とする文法事項の一つです。それに加えて、高校では SVOC の定着を土台として、知覚動詞 (Have you ever heard me play the piano?) や使役動詞 (Somebody made it look like an accident.) などに発展していく、きわめて重要度の高い事項です。

ここでは、I gave her some flowers. のような SVOO の文型が学習済みの状況で、SVOC を導入する場面を設定します。そのさい、O と C の間に SVC の関係が埋め込まれていることに、以下のような例を示しながら気づかせていきます。

① She calls her cat *Sally*. ← Her cat is *Sally*. (her cat＝*Sally*)
② I found the box *empty*. ← The box was *empty*.

C には、名詞（①）が来る場合と、形容詞（②）が来る場合がありますが、名詞のほうが O＝C という関係を理解しやすいと考えて、まずは名詞の場合のみで導入し、その後に形容詞の場合につなげていくようにします。それぞれの代表的な動詞は、

・名詞が C になる： call, name, make, choose, elect など
・形容詞が C になる： find, get, have, keep, leave, make, turn など

ですが、中学校の教科書の大部分では、call, make 以外はほとんど登場しません。生徒たちが慣れてきたら、find や keep のような既習の動詞が SVOC で使用される例を教員が意識的に使ってみせながら、この文型で使える動詞に慣れさせていく必要があるでしょう。

## 12. 文型 (SVOC, SVOO, SVC)

> **SVOC の指導のポイント**
> ☆ O と C の関係は、SVC (S=C) と同じ。
> ☆〈C が名詞 → C が形容詞〉の順で導入。
> ☆ 既習動詞の用法を拡張する。

### 12.2 導入場面

最初は〈C が名詞〉の場合の導入です。有名人などを使ったクイズ形式で典型的な名前の愛称を紹介しながら、O＝C という関係に気づかせ、発話につなげていきます。

次に〈C が形容詞〉の場合に移ります。教室内にある事物を使って演示しながら、O と C の間に SVC の関係が成り立つことに気づかせます。

既習事項である SVOO は、教室英語として意識的に多用するように心がけます。しかし、SVOC との対比による解説は避けましょう。説明が長くなり、無用の混乱を招く恐れがあるからです。

説明するのではなく、教員の話す英語を理解し、それに反応することによって既習事項の定着を目指します。また、導入をいくら工夫しても、その後のフォローアップがなければ定着にはつながりません。英語を言葉として使えるようにするためには、既習事項を繰り返し使わせるような場面を意識的に設定する必要があります。

### (1) SVOC が使われる「場面」の導入
〈C が名詞の場合〉

> **T:** I will give you a quiz today.
> （クリントン元大統領の写真を黒板に貼って）Look at this man. Do you remember him? What is his name?
> **S1:** クリントン。
> **T:** Right. Mr. Clinton is a former president of the United States. OK. I will give you one more question. What is his first name?
> **S2:** ???

T: His first name is William, and Jefferson is his middle name. His name is William Jefferson Clinton. (写真の下に板書する) But we usually call him Bill Clinton. Bill is his nickname. Bill is short for William. (William の真下に Bill と板書し、写真を指差して) We call him Bill. (生徒に復唱を促す)

Ss: We call him Bill.

T: OK. I will show you another picture. (エリザベス・テーラーの写真を貼って) Look at this woman. Do you know her name?

S3: ???

T: This is Elizabeth Taylor. She is one of the most famous movie stars in the 20th century. Her first name is Elizabeth, but it is rather long and hard to pronounce. So we usually call her Liz Taylor. Liz is her nickname. It comes from Elizabeth. OK. Say after me. We call her Liz.

Ss: We call her Liz.

T: Good. I will show you some more examples afterwards.

〈C が形容詞の場合〉

T: Liz Taylor has a lot of fans all over the world. My father is one of them. (父親の写真（普通サイズ）を貼って) This is my father. His name is Masao. My grandfather named him Masao. He likes Liz very much, but she died in 2011. When my father heard the news, he felt very sad. The news made him very sad. (写真の下に very sad と板書) By the way, don't you think I look like my father? Can you see his face clearly?

Ss: No, we can't.

T: Sorry. This picture is too small. So I will show you a bigger one. (拡大した写真を隣に貼って) This is bigger than the first one. This is big enough because I made it bigger. (写真の下に bigger と板書し、自分の胸を指差しながら発話を促して) I made it bigger.

Ss: You made it bigger.

T: By the way, you took a math test yesterday. Was it easy for you?

Ss: (生徒数名が挙手する)

## 12. 文型 (SVOC, SVOO, SVC)

> **T:** OK. You found it easy. (手を挙げなかった生徒に対して) How about you? Was it easy for you?
> **S:** No!
> **T:** So you found it difficult. It was difficult for some of you.

### (2) 理解の確認
〈C が名詞の場合〉
　イラストを使って、他のニックネームも紹介します。教員の誘導によって文を完成させながら、口頭練習を通して理解と定着を深めます。

> **T:** (女性のイラストを貼って) This is Rebecca (Rebecca と板書), but we usually use her nickname Becky. (発話を促して) We call her …
> **Ss:** Becky.
> **T:** Perfect. We call her Becky. (イラストを指差して発話を促して)
> **Ss:** We call her Becky.
> **T:** How about this? (男性のイラストを貼って) This is Robert, but we usually use his nickname Bob. (Robert, Bob と板書し、発話を促して) So we …
> **Ss:** We call him Bob.

〈C が形容詞の場合〉
　イラストを使って、この構文で使える他の動詞を紹介します。教員の誘導によって文を完成させながら、口頭練習を通して理解と定着を深めます。
　黒板に動詞の原形 (find, keep, leave, turn) を書いておきます。

> **T:** It has been very cold these days. (turn を指差して) So the leaves are brown now. The cold weather has turned … (turn を指して発話を引き出す)
> **Ss:** The cold weather has turned the leaves brown.
> **T:** Perfect! Let's say that again. "The cold weather has turned the leaves brown."

他の動詞についても同様に発話させ、この構文の語順と動詞に慣れさせていきます。ただし、一度に多くの動詞を紹介する必要はありません。次の時間以降に意識的に使える動詞を増やしていくことも可能です。

〈板書〉

活動の前に板書して、ポイントを整理します。

> ☆His name is James, but we usually call him Jim.（him＝Jim）
> ☆This book made me happy.（me＝happy → I was happy）
> 　We found the test difficult.（the test＝difficult → The test was difficult）

## 12.3　生徒の活動

### (1)　活動：What is his/her nickname?

与えられた名前と対応するニックネームを探して、グループ内で競い合う活動を紹介します。

目的：名前とニックネームを結び付けて英語で言う活動を通して、call を使った文を正確に言えるようにする。
活動技能：Reading & Speaking
活動時間：5〜10分
準備：名前を書いたカード（黒板に素早く貼れるように裏面にマグネットシートを貼り付けておく）、ニックネームを書いたプリント。
手順：
① ニックネームのプリントを配付し、グループで活動できるように机を並べ替える。
② ニックネームの発音を確認する。生徒を指名して発音させ、難しいところは教員が手助けして、正しく発音できるように練習する。
③ 黒板を2つに区切り、左側に男性のイラスト、右側に女性のイラストを貼る。名前を書いたカードを1枚ずつ黒板に貼り、次のように進める。

**T:** Let me show you an example.（女性のイラストの下に Margaret のカー

> ドを貼って）This is Margaret, but … Then you say your answer. If you say "We call her Meg", your answer is correct. You can circle "Meg" on your worksheet. If you answer correctly in English, you can circle the nickname. If you circle more nicknames than your teammates, you will be a winner. Do you understand? Ready?

〈プリントの例〉

わかりやすいように、ニックネームは男女別にまとめておく。時間等の都合によって、次の中から適宜選択して用いる。

Andy / Tony / Charlie / Chris / Danny / Dave / Eddie / Jim / Jack / Mike / Pete / Phil / Dick / Bob / Steve / Tommy

Nancy / Nell / Kate / Molly / Pat / Sally / Sue / Vicky

〈黒板に貼るカードの例〉

カードはシャッフルして、プリントと違った順番で示す。

Andrew / Anthony / Charles / Christopher / Daniel / David / Edward / James / John / Michael / Peter / Philip / Richard / Robert / Stephen / Thomas

Ann / Helen / Katherine / Mary / Patricia / Sarah / Susannna / Victoria

(2) 活動：あなたの考えは？

与えられた状況で、相手の発言に対して自分の判断を伝える活動です。

目的：与えられた形容詞を使って、相手に自分の考えを伝える。
活動技能：Listening & Speaking
活動時間：5分程度
準備：有名な本や、清涼飲料のペットボトル、散らかったロッカーなどのイラストを描いたプリント。
手順：
① イラストを指差して、Did you read the book? / Did you put the beverage in the fridge? / Did you clean your locker? のように質問する。
② Yes, I found it interesting *or* boring. / Yes, I kept it cool. / No, I left it messy. のように答えさせる。

# 13 比較表現

## 13.1 「比較表現」導入の流れと指導のポイント

　英語の比較表現は形式面で指導すべき項目が多く、どうしても形式的な操作を練習させる機会が多くなります。しかし、意味もおろそかにできません。特に、比較表現で用いられる形容詞・副詞は「尺度」として機能することに生徒の注意を向ける必要があります。たとえば、既習の範囲では、

My pen case is large.

における large は「大きい」という意味を表します。しかし、

My pen case is larger (than yours).

における larger は「大きさという尺度においてはより程度が高い」という意味であり、「私の筆箱は大きい」という意味は含まれません。このことは、

A: Your pen case is small!
B: Yours is small, too.
A: Yes, but it's larger than yours.

という会話が成立することからも明らかです。比較表現の導入段階から、この点について配慮して提示する用例を選ぶ必要があります。
　なお、当然のことながら、生徒の身長や走る速さといった身体的特徴や身体能力に関わること、おこづかいの額や持ち物の数といった家庭環境に関わることなどを比較の対象とすることは避けるのが無難です。

> **比較表現の指導のポイント**
> ☆形式は典型例からスモールステップで導入する。
> ☆形容詞・副詞が「尺度」として用いられることに注意を向けさせる。

## 13.2　導入場面

　上の会話例のように事物を描写するさいには比較表現がよく用いられます。自分の意図している事物を相手に正確に伝えようとするために、お互いが共通理解を持っているものを基準にして、それとの比較で説明するわけです。

　このことを踏まえて、物を貸し借りするために事物を描写する場面を設定し、その中で比較表現を導入することにします。

### (1)　比較表現の使われる「場面」の導入

　JTEとALTやJTEどうしのティームティーチング(TT)において次のようなやりとりを演じます(TTができない場合は、他の教員に協力してもらい、事前にビデオ撮影をしておきます)。

---

T1: Teacher 1 (JTE), T2: Teacher 2 (JTEもしくはALT)

**T1:** (教科書や問題集などを教卓に積み上げる) Michael, I need to bring some books to the library.  Can I borrow a box?

**T2:** A box?  Sure.  Here you are. (小さめの段ボール箱をT1に渡す)

**T1:** Um….  I'm sorry, but this is too small.  Do you have a larger one? (段ボール箱をT2に返す)

**T2:** Let's see… (周囲を見て、大きな段ボール箱を取ってT1に渡す) How about this?

**T1:** (段ボール箱を手に持って見せながらジェスチャーを交えて) This is larger than that.  Thank you.

**T2:** No problem.

**T1:** By the way, I'm going to go to Tokyo this weekend by shinkansen train.  It's a long way, so I'd like to read a book.  Can I borrow one?

**T2:** Of course.  Here you are. (難しそうな分厚い専門書をT1に渡す)

**T1:** Oh…. (中身を読むふりをして) This is too difficult.  Do you have an easier one? (本をT2に返す)

**T2:** Well, then, how about this? (薄くて簡単そうな本をT1に渡す)

**T1:** Thank you. (中身を読むふりをしてジェスチャーを交えながら

This is easier than that.  Thank you very much.
**T2:** Not at all.

　　　　　　　　⋮

## (2) 理解の確認

上のやりとりの後、次のように板書（プロジェクターで投影）します。

```
a larg er one              an easi er one
large＋er                  easy＋er
「より大きな」              「より簡単な」
This is  larger  than  that.
                「～と比べて」
「これは、あれと比べてより大きい」→「これはあれより大きい」
This is  easier  than  that.
「これは、あれと比べてより簡単だ」→「これはあれより簡単だ」
```

板書した例文を、比較級部分や than 節など焦点を変えつつ繰り返し斉読でリピートさせます。その後、次のようなやりとりを行い、生徒に既習の形容詞を比較級に変えるよう促します。このとき、

```
This is [      ]er than that.
```

のように回答の型を板書しておき、生徒の回答時に指し示します。

**T:**（極端に短くなった鉛筆を取り出して）Oh, this pencil is too short! Do you have a pencil, S1?（生徒の鉛筆を指差す）
**S1:** えっ？
**T:**（生徒に鉛筆を持たせ、板書した型を指し示す）
**S1:** This…is…?
**T:**（短い鉛筆を指し示して）This is too SHORT.（比較対象を明示する）
　　（生徒の鉛筆を指し示して）This is…?（比較級を誘導する発問）
**S1:** …long?

**T:** Longer.

**S1:** Longer.

**T:**（再度、型を指し示す）

**S1:** This is longer than that.

**T:** Can I use that?

**S1:** えっ？ OK....?（Tは手を差し出して鉛筆を受け取る仕草をし、ジェスチャーで発言を促す）

あ、Here you are.

**T:**（生徒の鉛筆を受け取り）Thank you.

I want to draw a line.（折れるなどして短くなった定規を取り出して）Oh, this scale is too short! Do you have one, S2?

**S2:** …Yes.

**T:**（生徒の定規と板書の型を指し示す）

**S2:** This is longer than that.

**T:**（受け取るジェスチャーをする）

**S2:** Here you are.

**T:** Thank you.（鉛筆と定規を使うふりをする）Oh, I made a mistake!

I need an eraser!（極端に小さくなった消しゴムを取り出して）Oh, this is too small! Do you have one, S3?

**S3:** This is larger than that. Here you are.

**T:** Thanks.

⋮

　このようなやりとりを通じて、生徒が、既習の形容詞のうち -er 型を取るものについて比較級を作ることができることを確認します。比較表現は構造が複雑なので、まずは型を示してその通りに言えれば、導入段階では理解できているとみなすことにします。

　また、副詞の比較級や more 型の比較級、あるいは more/most や better/best など不規則な活用についても同様に、既習語を用いたやりとりを通じて導入します。

　なお、上のやりとりを次のように発展させることもできます。生徒から借りた文房具で下のような錯視図形を描き、教材提示装置などで映します。

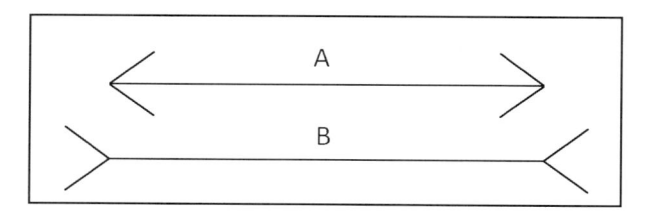

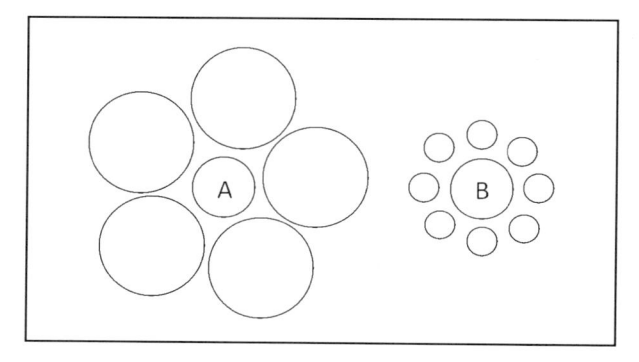

そうすると、

　　Line B looks longer than line A, but they are the same length.
　　Circle B looks larger than circle A, but they are the same size.

のような比較級の文を導くことができます。すると、これが

　　Line A is as long as line B.
　　Circle A is as large as circle B.

のように、同等比較の導入へとつながってきます。
　また、比較表現における形容詞・副詞の尺度性については、たとえば次のような例を示すことで指導することができます。

13. 比較表現　115

**T:**（ゾウ・アリの絵と点を黒板に描く）

（ゾウを指して）What is this?　Yes, it's an elephant.
（アリを指して）What is this?　Yes, it's an ant.
（点を指して）What is this?
**Ss:** ???
**T:** It's a flea.　Flea is "ノミ" in Japanese.
（次のように板書(投影)する）

> An elephant is (　　　　).
> An ant is (　　　　).
> A flea is (　　　　).

　　Large or small?　S1?
**S1:** An elephant is large.　An ant is small.　A flea is small.
**T:** Thank you.（生徒の答えを(　　　　)内に板書）
　　Then, which is larger, an elephant or an ant, S2?
**S2:** An elephant.
**T:** Yes.　Please say, "An elephant is larger than an ant."
**S2:** An elephant is larger than an ant.
**T:** Good.（生徒の答えを板書）
　　Then, which is larger, an ant or a flea, S3?
**S3:** An ant.
**T:** Yes.　Say, "An ant is larger than a flea."
**S3:** An ant is larger than a flea.
**T:** Thank you.（生徒の答えを板書）
　　Please be careful.　An ant is small, but it is larger than a flea.

## 13.3　生徒の活動

　人からほめられて悪い気はしないものです。相手のよいところを評価して、はっきりと賞賛することは、人間関係を良好に保つのに役立ちます。学校において生徒がお互いをほめる機会は多くはないはずです。もし、普段は思っていても言葉にしない、同級生に対する肯定的な評価を言葉にすることができれば、人間関係がより円滑になり、より安心して学校生活を送ることができるようになるかもしれません。

　そのように、他人をほめるときによく用いられる表現の一つが比較表現です。たとえば、「○○が以前と比べてよくなった」のように言えば、相手が成長していることを明確に伝えるため、賞賛の意図も明確に伝わります。

　以上のことを踏まえ、クラスメートどうしでお互いをほめあう会話を行います。

目的：比較級を用いて相手をほめることができるようになる。
活用技能：Speaking
活動時間：5〜10分
準備：既習の形容詞・副詞の一覧表(印刷物もしくは投影用スライド)
手順：
① 教員は既習の形容詞・副詞の一覧表を示し生徒に発音を練習させます。
② 次のように指示します。

> **T:** Make pairs, please. From now, you are going to say nice things about your partners. For example, you are smarter than last year. You speak English better than last year. You see? Please say, "You … (　　　)er than last year."（この型を板書する）
> 　Do you understand? Please say only nice things. Good things.
> 　Now, do *Janken* in pairs. The winners speak first. Please say something nicer than last year. You have 30 seconds.

③ 生徒がペア・ワークを開始した後、教員は活動を観察し、個別指導をします。
④ 活動の切れ目で必要に応じて全体にフィードバックしたり、パートナー

を替えて同じ活動をさせたりします。
⑤ 何回かペアを替えて活動したところで、生徒がどのようなことを言っていたかを発表させます。また、表現に誤りがあれば全体にフィードバックします。

## 【Additional Activity】

学校生活では、行事や学期といった区切りごとに、生徒にそれまでの生活を振り返らせ、その経験を以後の生活に活かす見通しを持たせることがよくあります。そこで、たとえば「新年の抱負」や「進級にあたっての決意」のような形で、生徒に将来の目標を述べさせることができます。

目的：比較表現を用いて将来の目標を述べることができるようになる。
活用技能：Writing
活動時間：30分
手順：
① 上の活動の続きで、次のように生徒に問いかけます。

> **T:** So, a lot of things are better about you than last year. Then, how do you want to change in the next year? For example, do you want to be smarter? Do you want to do anything better? And why do you want that? Or, how can you change that way? Please write your idea in English.

② pre-writing 活動としてマッピングをしたり、必要な語句を日本語で書き出し辞書で調べたりする、idea generation の活動を行います。
③ pre-writing 活動での準備を踏まえて書かせます。このとき、"I want to be better at table tennis in the next year. I want to win the city championship. I will practice for an hour every day at home." のような例を示せば、生徒は書きやすくなるでしょう。必要に応じて、次のようなフォーマットを示すのもよいでしょう。

> I want to ［比較級を使って目標を述べる］．［前の文について補足説明をする。］ To achieve this goal, I will ［目標達成のための方法を述べる］．［前の文について補足説明をする。］

## 14 受動態

### 14.1 「受動態」導入の流れと指導のポイント

　受動態指導のうえで忘れてならないのは、能動態と受動態は単なる表現の言い換えではない、という点でしょう。いまだに受動態学習といえば主語と目的語のタスキ掛け操作の練習に終始する場合もありそうですが、その妥当性を検討してみる必要があります。

　因果関係をはっきりさせることを好む英語の表現では、影響を与える側が主語、影響を被る側が目的語となる他動詞構文が中心となります。それなのにあえて受動態を使うのは、主に以下の2つの場合です。

1) 焦点化されている主語と対応する場合
   ex.) The Eiffel Tower is very beautiful. It was built in 1889.
2) 原因にふれる必要がない場合、またはふれたくない場合
   ex.) The hospital will be closed next year.

さらに、受動態構文においては動作主が by によって示されることは非常に少ないのです（20%程度と言われています）。こういった事実を踏まえれば、単なる主語と目的語の入れ替えドリルが、どれほど無意味であるかがわかるでしょう。我々教師は、受動態を使うのがふさわしい文脈を意識しつつ、適切な活動を組み立てる必要があります。

> **受動態の指導のポイント**
> ☆受動態が必然的に使われる文脈を意識しながら指導する。
> ☆まず、動作主が by によって示されない文から導入する。

### 14.2　導入場面

　写真や図版を見せながら任意のある国についての紹介をすると、その国の位置・話されている言語・使われている紙幣・歴史（以前、他の国の統治

下にあった場合) などのネタで自然に受動態を導入することができます。また、教師の紹介をお手本に、生徒たちが自分の好きな国の紹介をする、という発表活動にもつなげやすいでしょう。

　海外旅行の機会があれば、教材になりそうなものの写真を撮る、ポスターやパンフレットを集める、などをしておくとよいでしょう。「百聞は一見に如かず」と言います。実物 (レアリア) の持つ力を利用し、生徒を上手に惹きつけましょう。

## (1) 受動態の使われる「場面」の導入

> **T:**（ヨーロッパの地図でベルギーを指しながら）I have a friend from this country. I learned about this country and its currency, 通貨, from him.
> 　　It is located in central Europe.（locate が未習の場合は単語カードを用意し導入する）It is surrounded by Germany, France and the Netherlands.（surround も単語カードを利用して導入）What is this country?（適宜生徒に発言させる）Yes, it is Belgium. What do you know about Belgium?（生徒の自由な発言）Well, listen. In that country, three languages are spoken. What are they? They are Dutch, French and German. English is also used for business.（3つの言語と英語が表記されている標識などを見せながら）Look, four languages are written here. This is Dutch, this is French, this is German, and this is English. All of them mean the same thing.
> 　　Now, let's think about money.（幾種類かのユーロ紙幣を見せながら）These notes are used in Belgium.（生徒に推測させながら）Is it 'yen'? Is it 'dollar'? No, it is 'euro'. 'Euro' is used not only in Belgium but also in many countries in Europe. On both sides of euro notes, interesting things are printed. What are they? On the front side, windows or gates of various styles from ancient times to modern times are printed, and on the back side, bridges are printed in the same way. All of them are not real ones. They are imaginary. They are not seen anywhere in Europe. I was surprised. Then why are such things printed? Guess.（あとは自由に生徒に意見を言わせる）

### （2）理解の確認

ここでは主に、(1)の内容について能動態の場合と受動態の場合を英語で比較しながら、受動態についての理解を深めていきます。授業のスピードアップのため、板書事項はパワーポイント等で作っておくとよいでしょう。

---

**T:** In Belgium, what language do they speak?
**S:** Dutch, French and German.
**T:** Yes.  They speak Dutch, French and German.  These three languages are spoken in Belgium.（They を主語にした能動態の文と Three languages を主語にした受動態の文を板書する。受動態の文に by them をつけない点が大事）Then, what currency is used there?
**S:** Euro.
**T:** Yes, they use 'euro' in Belgium.  'Euro' is used in Belgium.（同じく能動態の文と受動態の文を板書する）And what are printed on 'euro' notes?  For example, on the front side?
**S:** Windows or gates.
**T:** On the back side?
**S:** Bridges.
**T:** Then who printed them?
**S:** I don't know.  Maybe, the banks in Europe?
**T:** We don't know who.  We are not interested in it.（Bridges are printed on 'euro' notes. と板書する ← 能動態の文がないところがミソ）Well, where is Belgium located?
**S:** In central Europe.
**T:** Who located Belgium there?
**S:** エー!! I don't know.
**T:** Nobody knows.（Belgium is located in central Europe. を板書する ← これも能動態の文がないところがミソ）Now, let's say it together.  Belgium is located in central Europe.

---

＊この後、板書してある Three languages are spoken in Belgium. / 'Euro' is used there. / Bridges are printed on 'euro' notes. の順で生徒に言わせる。ま

た、標識や紙幣を見せながら、Four languages are written on the sign. / A gate is printed on the note. 等の口頭練習をする。

＊生徒の理解を確認するために、世界地図を利用しながら、Where is Brazil located?［A: It is located in South America.］ What language is spoken there?［A: Portuguese is spoken there.］などを発問し、フルセンテンスで答えさせてみる。

＊byのついた形は、byのない形の口頭練習を充分した後で行う。

---

**T:** What countries surround Belgium?
**S:** Germany, France and the Netherlands.
**T:** Yes, Belgium is surrounded by Germany, France and the Netherlands.
（能動態と受動態を板書したうえで口頭練習。続いて Japan is surrounded by the sea. などに発展させる）

---

[強化]

ある程度生徒が受動態に慣れてきたところで、次のようなハンドアウトを用意すると、受動態の使い方に関する理解がより深まります。

**T:** Which is better to add, A or B? Why?（解説は日本語でよい）

---

1. Taro is very good to his parents.
    A. He visits them every week.
    B. They are visited by him every week.　　　［A is better.］
2. "Botchan" is a funny story.
    A. Natsume Soseki wrote it.
    B. It was written by Natsume Soseki.　　　［B is better.］
3. This ice cream has a very strange taste.
    A. I think someone makes it with curry powder.
    B. I think it is made with curry powder.　　　［B is better.］

（『オックスフォード実用英文法』（2006）を参考に作成）

---

## 14.3　生徒の活動

受動態を使ったproductiveな活動として、(1)国の紹介や(2)作品当てク

イズ〈小説・映画・漫画・歌など〉を考えてみます。

(1)は、受動態の導入でベルギーの紹介をしたような枠組みを利用し、生徒に発表を行わせます。調べ学習の時間が必要になりますが、フォーマットを与えてあげれば、生徒にとって比較的取り組みやすいでしょう。「何かを見せながら発表する」という条件をつけることで、プレゼンテーションの練習にもなります。

(2)は、クイズを作り当て合うので、生徒どうし、楽しむことができます。

## (1) 国の紹介

目的: 受動態を利用してある国の紹介を書き、わかりやすく発表する。
活用技能: Writing, Speaking & Listening
活動時間: クラス全員が発表できる時間を確保する。
準備: 受動態の導入に使った文章を単純化し、最低限の枠組みを用意する。

```
[例] _____ is located in _____. It is
surrounded by _____. _____ is/are spoken
there.
```

手順:
① ある国について英語で紹介することを告げる。
② 発表には上記の枠組みを利用したうえで、さらに自分で情報を付け加えることと、何かしらのビジュアルエイドを使うことを指示する。

[発表当日]
③ 聴衆用のオーディエンスシート(各自の発表に関して一言コメントを書き入れる程度の欄があるもの)を作成して配布し、それぞれの発表の「よかった点」についてコメントするよう指示する。英語でコメントするための表現集を作成しておき、普段の授業でも活用していると、こういった活動がスムーズに行える。
④ 生徒の発表(できればビデオに撮る)。
⑤ 発表原稿とオーディエンスシートを集める。
⑥ 後日、オーディエンスシートを各個人別に短冊に切り分けたものと、教師自身のコメントを束にして発表者にフィードバックする。

## (2) 作品当てクイズ

目的：あるものに関して受動態も折り込みながらクイズを作り、お互いに何についての描写かを推測する。

活用技能：Listening, Reading, Writing & Speaking

活動時間：50分

手順：

① ウォーミングアップとして、主な不規則動詞の活用（原形―過去形―過去分詞形）をリズムに乗って復習する。

② 本日の活動の趣旨を告げ、教師（できればALT）がお手本として次のようなクイズを3つくらい投げかけ、生徒に答えさせる。

例：It is an old Japanese love story. But still now, it is read by many people. It is even translated into English and other foreign languages and read all over the world. It was written by Murasaki Shikibu. What is it?
（答："The Story of Genji"）

③ お手本のクイズを印刷したものを配布し、同趣旨のクイズを各自ひとつずつ作るよう指示する。統一したフォーマットで書き込むためのワークシートを用意すると、なおよい。

④ 4, 5人のグループでお互いに作ったクイズを発表させる。

⑤ 各グループからひとつずつグループ代表のクイズを選ぶように指示する。

⑥ クラス全体にクイズを披露させる。

⑦ 各自が作ったクイズを集め、一定の誤りの傾向がないかをチェックする。

⑧ 次の授業で、全体的に多く見受けられた誤りについて解説をする。

## 15 現在完了形

### 15.1 「現在完了形」導入の流れと指導のポイント

　現在完了形は、文法上は現在時制に含まれますが、言語的に表現するのは過去の出来事であり、その出来事の現在に対する影響は言外に理解されるものです。そのため、過去時制との違いをわかりにくく感じる生徒もいるようです。導入にあたっては過去時制との対比を明らかにするとよいでしょう。

　このとき、現在完了形の文を単体で示すのではなく、過去形・現在形とともに使われている文脈の中で示すほうが、現在完了形の表す意味がよく伝わります。

　また、「完了」「経験」「継続」といった、いわゆる3用法のうち、どれから導入するかは、その時の生徒の状況によって使いやすい状況設定が異なりますから、一概にどれが最適とは言えません。本書では、過去と現在のつながりを示しやすいという理由で継続用法からの導入を紹介します。

　なお、3用法の区別は、文脈はもちろんのこと、多くの場合、副詞要素によって示されます（already や yet があれば「完了」、before や 〜 times があれば「経験」、for 〜 や since 〜 があれば「継続」など）。提示する用例などを通じて、この点にも生徒の注意を向けておきたいところです。

> **現在完了形の指導のポイント**
> ☆文脈の中で過去形・現在形との対比を示す。
> ☆3用法の区別は副詞要素と関連づけて。
> ☆3用法のどれから導入するかは、その時の生徒の状況次第。

### 15.2 導入場面

　現在完了形を導入するのは、おそらく中学2年生の終わりから3年生の初め頃の時期になることが多いと思われます。多くの部活動で、これまでの活動の総仕上げの時期を迎え、生徒も「引退」を意識して気持ちが落ち

着かなくなることがあります。そのような時期には、教員が自身の経験に基づいて、1つのことに粘り強く取り組み続けることの意義を話し、生徒を励ますこともあるでしょう。

　そこで、英語の授業の中でも、教員が、1つのことに取り組み続けている経験について話します。始めた時期のこと、これまでの経過、現在のこと、という内容を盛り込めば、過去形・現在形との関係で現在完了形の特徴が示しやすくなります。また、導入後は、生徒にも自身のことについて述べさせ、確実な理解を図ります。

### (1)　現在完了形の使われる「場面」の導入

> **T:** You know I play soft tennis, right? I began to play it when I was 13 years old. I was in the first year of junior high school. I joined the school's soft tennis team. I was not a good player, and I couldn't win many games. But I really liked soft tennis, so I kept playing it after I finished junior high school. And, now, I still play it. So, <u>how many years have I played it?</u>（未習でも How many… で疑問文とわかり、意味も推測がつきやすい。そのため、次の文の意味が理解しやすくなると考えて、あえてこのように言う）<u>I have played it for 24 years. I have played it for 24 years.</u>（導入する文なので繰り返し言う）But, I don't only play it. I teach it. I began to teach it when I became a teacher. I became a teacher in 2001. What year is it now? Yes, it's 2014. So <u>I have taught soft tennis for 14 years. I have taught soft tennis for 14 years.</u>（似た構造の文でしつこく導入する）

### (2)　理解の確認

　上のティーチャートークの後、次のように板書（プロジェクターで投影）します。

I **began** to play soft tennis when I was 13 years old.（過去形）

I **have played** it for 24 years.（現在完了形）
have＋過去分詞＝現在完了形

> 過去の出来事が現在に何らかの影響を及ぼしていることを表す形
> ←「過去（ed）を、現在持っている（have）」

I play it still now.（現在形）

また、たとえば次のように図示します。

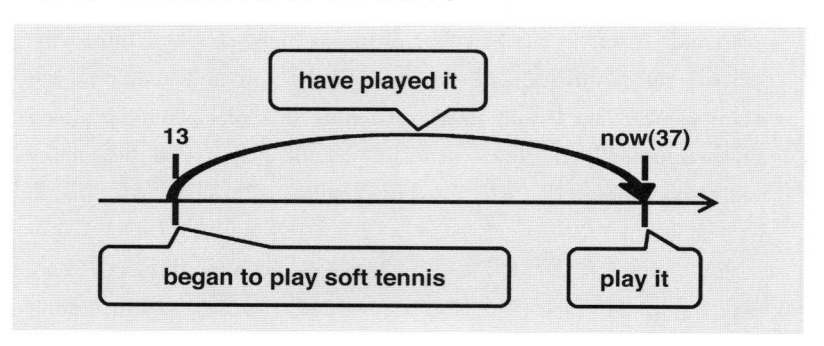

```
        have played it
  13                    now(37)
  |━━━━━━━━━━━━━━━━━━━▶|
  began to play soft tennis   play it
```

板書した現在完了形の用例を斉読でリピートするなどした後、次のようなやりとりを行い、生徒から現在完了形の文を引き出していきます。

**T:** S1, what club are you in?
**S1:** I'm in the softball club.
**T:** When did you begin to play softball?（過去の出来事を明示させる）
**S1:** えっと……Eleven years old.
**T:** You began to play softball when you were 11. So, you have played it for four years.（過去と現在を結びつける）Say, "I have played softball for four years."
**S1:** I have played softball for four years.
**T:** Good. S2, what club are you in?

**S2:** I'm in the brass band.
**T:** What do you play?
**S2:** Trumpet.
**T:** When did you begin to play it?
**S2:** Two years ago.
**T:** So, you have played it for…?（文の一部を生徒に補わせる）
**S2:** ???
**T:** How many years?
**S2:** Two years.
**T:** OK. Say, "I have played the trumpet for two years."
**S2:** I have played the trumpet for two years.
**T:** Very good. S3, you're in the baseball club, right?
**S3:** Yes.
**T:** When did you begin to play it?
**S3:** Ten years old.（ターゲット以外での不完全な答え方は訂正しない）
**T:** So, you have played…?（生徒が補う部分を広げる）
**S3:** I have played baseball.
**T:** For…?
**S3:** For five years.
**T:** Please say the whole sentence again.（まずは型通りに言えるように指導する）
**S3:** I have played baseball for five years.
**T:** Great.
⋮

　このように、徐々に生徒が言う単位を大きくしていき、生徒が自力で1文を言えるように導きます。また、ここでは I have played 〜 for... の型に固定していますが、この型が言えることを確認したら、visit や use など別の規則変化動詞で言わせてみてもよいでしょう。

　なお、現在完了形や受動態を導入する前から不規則変化動詞の過去分詞を覚えさせておけば、このようなやりとりがやりやすくなります。

## 15.3 生徒の活動

目的: 過去形と現在完了形を使い分けて自分のライフヒストリーを書くことができるようになる。
活用技能: Writing
活動時間: 30分
準備: 白紙の年表

〈年表の例〉

| Year（Age） | What happened? | Comment |
|---|---|---|
| （例）1999（0） | I was born. | I don't remember. |
|  |  |  |

手順:
① 生徒に次のように指示します。

> Please write your history. First, fill in the table. You can follow the example.

② 生徒が記入している間は活動の様子を観察し、個別に指導します。
③ 記入できたら次のように指示します。

> Now, use the information on the table and write your history. For example, if you have:（次の表現を板書(投影)する）
>
> 2009（10）/ My father bought me a camera. / I was happy.
>
> you can write:（次の文章を板書(投影)する）
>
> When I was 10 years old, my father bought me a camera. I was very happy. I use it still now. **I have used it for five years, and I have taken a lot of pictures with it**.

過去の出来事を現在の自分の状態や行為と結びつけて書くように、日本語で補足説明をしておきます。
④ 生徒に書かせます。過去形と現在形だけで書いている場合は、過去の

現在に対する影響を考えさせ、現在完了形を使うよう促します。
⑤　生徒の書いた文章は、個別に添削するなどしてフィードバックするだけでなく、クラスで発表させるなど、生徒どうしで共有する活動を行ってもよいでしょう。また、中学校卒業に向けて学校生活を振り返る活動への布石とすることもできます。

## 【Additional Activity】

スキットの作成を通じて現在完了形の定着を図ります。

目的：現在完了形を用いた問答ができるようになる。
活用技能：Writing & Speaking
活動時間：準備40分＋発表30分
準備：台本を記入するワークシート
手順：
①　生徒にペアを組むように指示します。そして、ペアで「なりきりスキット」を作成することを伝えます。
②　「なりきりスキット」の作り方は次のとおりとします。
　(1)　状況設定は「インタビュー」とし、ペアでinterviewerとintervieweeの役割を分担する。
　(2)　intervieweeは「60年後の自分であり、長年継続してきたことについて表彰を受けた」という設定にする。また、interviewerは、そのことについて記事を書こうとしている記者とする。
　(3)　インタビューの中で、intervieweeが継続してきたことについて、いつ始め、どのくらいの期間継続してきたかを会話に含めるようにする。
③　スキットの台本を提出させ、語句・文法等について添削指導します。
④　生徒に添削後の台本を返却し、それを用いて練習させます。
⑤　スキットを発表させます。

# 16 分詞の後置修飾

## 16.1 「分詞の後置修飾」導入の流れと指導のポイント

「分詞の後置修飾」に関しては大きく2つのポイントがあります。それは、「現在分詞と過去分詞のどちらを用いるべきかの判断」と「前置修飾と後置修飾のどちらにするべきかの判断」です。

後者の「前置修飾か後置修飾か」の問題は、他の修飾表現と関連づけることによって理解させます。つまり、

a <u>new</u> camera　　　　a camera <u>on the desk</u>
a <u>running</u> boy　　　　 a boy <u>running in the park</u>

という例からも明らかなように、修飾表現が1語の場合にはそれを名詞の前に置き、2語以上の場合には名詞の後に置くという原則は分詞に限った話ではなくて、英語の修飾表現全体に共通することです。

ただし、分詞の導入を英語のみで行う場合、前置修飾の分詞で表現できることは非常に限られているので、最初から後置修飾の形を用いてもよいでしょう。また、分詞の学習を「関係代名詞への導入」と位置づけるのであれば、なおさら、後置修飾に力点を置くべきです。「前置修飾か後置修飾か」に関しては「ポイントのまとめ」のような時間にふれればよいと思います。

「現在分詞と過去分詞のどちらを用いるべきか」を正しく判断できない生徒は意外に多いようです。その場合、まず確認すべきなのは、学習者が個々の動詞の意味を本当に正しく理解しているのかどうかという点です。たとえば、surprise は「(主語が)驚く」という意味ではなくて「(主語が目的語を)驚かせる」という意味です。もし学習者が前者の意味だと勘違いしていれば、その学習者に現在分詞と過去分詞の違いをいくら説明しても正しい理解には至りません。

学習者が、個々の動詞の意味を正しく理解しているのであれば、次に確認すべきなのは現在分詞と過去分詞の意味の違いです。現在分詞には「〜

している」という意味があり、過去分詞には「〜されている、〜された」という意味があります。しかし、このことは、現在進行形や受動態の文から推測できるはずなので、もし現在分詞と過去分詞の使い分けを理解できない生徒がいたら、まずは現在進行形や受動態の文が本当に定着しているのかどうかを確認する必要があります。

「男が窓を割っている」を英語では The man is breaking the windows. と言い、「窓はその男が割った（その男に割られた）」であれば The windows were broken by the man. と言うのだということが理解できている生徒ならば、the man breaking the windows や the windows broken by the man という表現は理解できるはずです。したがって、授業でも現在進行形や受動態の文と関連づけながら分詞の後置修飾を導入していきます。

> **分詞の後置修飾の指導のポイント**
> ☆もとの動詞の意味を正しく理解しているかどうかを確認する。
> ☆「〜する、している」という意味なら現在分詞、「〜された、されている」という意味なら過去分詞を用いるということを理解させる。
> ☆分詞を含めて２語以上の修飾表現となっていれば名詞の後ろから修飾するということを理解させる。

## 16.2 　導入場面

### (1) 　分詞の後置修飾の使われる「場面」の導入

世界地図を見ながら、「国名」、「〜人」、「〜語」に相当する英語を確認していきます。たとえば、Japan の場合、the people living in Japan は "Japanese"、the language spoken in Japan は "Japanese" だということを確認していくのです。もちろん、日本に住んでいる人全員の国籍が日本にあるわけではありませんし、日本国内で使われている言語が日本語だけというわけではありません。ここでは、「〜人」や「〜語」に相当する英語の単語を、生徒の限られた語彙表現の中で確認する活動をするのであり、「言語」「公用語」「国籍」などの問題は別の機会にきちんと扱うべきであると考えます。

(世界地図を黒板に貼る)

T: Look at this map. This is a world map. As you know, there are many countries in the world. How many countries are there in the world? Can you guess? More than one hundred? More than one thousand? It is said there are about 200 countries in the world.

How many countries do you know? More than ten? More than one hundred? OK. (日本を指して) Let's start with this country. Do you know this country? Can you say it in English? Of course you can. It's "Japan." We live in Japan. The people living in Japan are "Japanese." What language do we speak? We speak "Japanese." Japanese is spoken in Japan. The language spoken in Japan is "Japanese."

(中国を指して) What is this country? Yes. It's "China." The people living in this country are "Chinese." The language spoken in this country is "Chinese."

(カナダを指して) What is this country? The United States? No. It's "Canada." The people living in this country are "Canadian." Two languages are spoken in Canada. Do you know them? Yes. "English" and "French" are spoken in Canada. The two languages spoken in Canada are "English" and "French."

## (2) 理解の確認

さらに他の国に話題を広げます。また、「国名、～人、～語」以外の話題も加えていき、理解の確認をします。

T: (韓国を指して) What is this country?
S1: Korea.
T: Right. Who are the people living in Korea?
S1: Koreans.
T: Good. The people living in Korea are "Koreans."
　 What is the language spoken in Korea?
S1: Korean.

**T:** Yes. The language spoken in Korea is "Korean."
　By the way, what is the famous pickles（漬け物）eaten in Korea?
**S1:** Kimchi.
**T:** Right. Kimchi is the pickle made of Chinese cabbage.
　Who is the student sitting in front of S1?
**S2:**（手を挙げて）It's me.
**T:** I see. S2 is the student sitting in front of S1.
　（オーストラリアを指して）What is this country?
**S2:** Australia.
**T:** Who are the people living in Australia?
**S2:** Australians.
**T:** Right. The people living in Australia are "Australians."
　What language is spoken in Australia?
**S2:** English.
**T:** Yes. The language spoken in Australia is "English."
　Do you know any famous animals living in Australia?
**S2:** … kangaroo, koala, platypus …
**T:** That's right. Kangaroos, koalas, and platypuses are animals living in Australia.

## 16.3　生徒の活動

### (1)　活動：Animal Restaurant & Animal Concert

　「(いま)〜をしている人」という内容の表現を発話させるためにジェスチャーゲームをします。ただし、「人」ではなくて「動物」にすることによってゲームとしての面白さを加えます。

目的：ジェスチャーゲームをしながら、生徒に「○○をしている××」という意味の文を発話させることにより、現在分詞の後置修飾に慣れさせる。
活用技能：Reading & Speaking

活動時間: 10〜20 分

準備:「〜は○○をしている××です」(○○には行為が、××には動物名が入る)という意味の英文を用意しておく。

手順:

① Animal Restaurant: ひとりの生徒を前に呼び寄せ、その生徒に「あなたは○○を食べている××です」(○○には食べ物が、××には動物名が入る)という意味の英文を見せ、それをジェスチャーで演じさせる。

 例) You are a monkey eating spaghetti.
   You are a kangaroo eating a hamburger.
   You are an elephant eating watermelon.

他の生徒は、ジェスチャーを見て、「〜は○○を食べている××です」と英語で表現する。

 例)(A, B, C には生徒の名前が入る)
   A is a monkey eating spaghetti.
   B is a kangaroo eating a hamburger.
   C is an elephant eating watermelon.

② Animal Concert: ひとりの生徒を前に呼び寄せ、その生徒に「あなたは○○を演奏している××です」(○○には楽器が、××には動物名が入る)という意味の英文を見せ、それをジェスチャーで演じさせる。

 例) You are a lion playing the piano.
   You are a rabbit playing the violin.
   You are a bird playing the drums.

他の生徒は、ジェスチャーを見て、「〜は○○を演奏している××です」と英語で表現する。

 例)(A, B, C には生徒の名前が入る)
   A is a lion playing the piano.
   B is a rabbit playing the violin.
   C is a bird playing the drums.

(2) 活動「クイズ大会」

活動としてはクイズ大会ですが、この活動を通して、物事を説明したり、説明を理解したりするという、授業という「場面」の基本となる行為を英

語で行うことになります。

目的：クイズ問題を作り、クイズ大会を行う活動を通して、現在分詞や過去分詞の後置修飾の構造を理解したり発話したりする練習をする。
活用技能：Writing, Listening & Speaking
活動時間：20～30分（ただし、本格的に行うなら2～3時間をかける）
準備：クイズ問題のサンプルを用意する。
手順：
① クイズ問題のサンプルを示し、生徒たちに同様の問題を作らせる。
　サンプル：
　〈歴史〉
　What is the temple built by Prince Shotoku in 607?（Horyuji Temple）
　What is the castle built by Toyotomi Hideyoshi in1583?（Osaka Castle）
　〈文化・芸術〉
　What is the novel written by Natsume Soseki in 1905?（"I Am a Cat"）
　What is the picture painted by Leonard da Vinci in 1503?（Mona Lisa）
　〈理科〉
　What is the largest animal living on land?（elephant）
　What is the largest animal living on the earth?（whale）
　〈生活〉
　What is the food made from cacao beans?（chocolate）
　What is the Japanese food made of fish and rice?（sushi）
② 作成した問題を使ってクイズ大会を行う。テレビのクイズ番組のように「早押し」で答えさせてもよいが、全員がきちんと問題を考えるようにするには、全員に解答用紙を配布して、答えを記述する形式にするとよい。

# 17 関係代名詞

## 17.1 「関係代名詞」導入の流れと指導のポイント

　関係代名詞は「難しい」というイメージを持たれがちです。実際、関係代名詞を使った文は、長く、構造も複雑になるので、難易度が上がるのは事実です。しかし、ポイントを整理して教えれば、「難しい」というイメージを与えずに導入することができます。

　「関係代名詞節」と「文」との違いが理解できない生徒がいますが、そのような場合には、「名詞＋関係代名詞節」の塊が文の中で用いられる、ということがイメージできるように例を示すことが重要です。「面白い本」が文ではないのと同様に、「昨日買った本」も文ではないということは日本語であれば理解できますので、「面白い本」と「昨日買った本」に相当する英語と、それらが文の中で用いられている例とを示せばよいのです。

　　an interesting book
　　　→〈文〉This is an interesting book.
　　the book which I bought yesterday
　　　→〈文〉This is the book which I bought yesterday.

　関係代名詞を使った文はどうしても長くなります。文が長いというだけで英語が苦手な生徒は抵抗を感じます。しかし、文は単なる単語の羅列ではなくて構造を持っているのだということがわかれば、文の長さに対抗できるようになります。文に構造があるということを生徒に理解させる場合、理屈で説明するのが最善の策というわけではありません。たとえば、

　　This is [the book which I bought yesterday].

のように視覚的に示したり、

　　This is the book which I bought yesterday.

This is the book which I have read many times.
This is the book which is famous all over the world.

というように This is the book ... のところを固定して、which 以下のところを他の表現に変えた例文をたくさん示せば、文の構造を理解させることができます。

　関係代名詞の基本的な働きが理解できれば、which, who, that のような個々の関係代名詞の違いなどということは小さな問題であると言うことができます。主格の関係代名詞と目的格の関係代名詞をそれぞれ正しく使えるようにすることが大事であることは言うまでもありませんが、理屈で説明する前に、構造の見えやすい単純な例をたくさん生徒に与えて、関係代名詞を含んだ文に慣れさせておくことが重要です。

> **関係代名詞の指導のポイント**
> ☆「名詞＋関係代名詞節」が「名詞＋修飾表現」という塊になっていることがわかりやすいように例を示す。
> ☆関係代名詞を用いた文に習熟できるように例をたくさん与える。

## 17.2　導入場面

　生徒がよく知っているような本を使い、This is a book ... や I have a book ... のような文の中に関係代名詞が入っている例を生徒に与えます。関係代名詞を含む文は「主語＋述語」が2つ含まれることになりますが、主文の「主語＋述語」を This is a book ... や I have a book ... のような簡単なものに固定することによって生徒の負担感を減らします。

### (1)　関係代名詞の使われる「場面」の導入

> **T:** Today I have many books here. These books are written in English. I have many books which are written in English. I have brought some of them here.
> 　Look at this book. I like this book. Do you know this book? Yes! It's

"Harry Potter." I like this story very much. I have read this story many times. "Harry Potter" is a story which I have read many times.

Have you ever read "Harry Potter"? Oh, many of you have read "Harry Potter." Do you like this story? Yes? Good. Did you read "Harry Potter" written in English? No? I see. You read "Harry Potter" written in Japanese, or translated (翻訳された) into Japanese. You read "Harry Potter" which was translated into Japanese.

Next, look at this book. This is a comic book. Do you know this comic? Of course you know this comic. It's "One Piece." But look at this book carefully. This book is written in English. "One Piece" was translated into English. "One Piece" is a Japanese comic which was translated into many languages and read by many young people all over the world.

You should read books which are written in easy English. It's good for your English study. Comic books which are written in English are good, too.

### （2） 理解の確認

生徒が持っている本に話題を広げ、様々な本について語らせながら、関係代名詞を使った文の構造に慣れさせます。まず生徒たちに、英語の教科書以外で持っている本を机の上に出させます。普通の本を持っていればそれを出させますが、他教科で使う教科書、資料集、辞書などでもかまいません。以下、教師は生徒の中に入っていき、生徒の机の上の本を1冊ずつ取り上げながら対話を進めます。

**T:** Show me your books. What book is this?
**S1:** It's "(本のタイトル)."
**T:** Is this the book which you are reading now?
**S1:** Yes.
**T:** Then stand up and show the book to your friends saying, "This is the book which I am reading now."

**S1:** This is the book which I am reading now.
**T:** Good.（同様の文を他の生徒にも言わせる）
（to S2）Are you reading this book now?
**S2:** Yes.
**T:** What's the title?
**S2:** It's "（本のタイトル）."
**T:** Then the book which you are reading now is "（本のタイトル）," right?
**S2:** Right.
**T:** Then stand up and show the book to your friends saying, "The book which I am reading now is '（本のタイトル）'."
**S2:** The book which I am reading now is "（本のタイトル）".
**T:** Good.（同様の文を他の生徒にも言わせる）
（to S3）What book is this?
**S3:** It's a textbook of math.
**T:** Is this the textbook which you use when you study math?
**S3:** Yes.
**T:** Then stand up and show the textbook to your friends saying, "This is the textbook which I use when I study math."
**S3:** This is the textbook which I use when I study math.
（同様に、This is the dictionary which I use when I study Japanese. のような文を言わせる）

## 17.3　生徒の活動

### (1)　活動「ビンゴ」

　ビンゴゲームを行います。ビンゴゲームでは枠の中に入ることがらを聞き取ることになりますが（例：July ← the month which comes after June）、この活動によって相手の話す説明を素速く正確に理解する練習を自然と行うことができます。相手の話す説明をきちんと理解することは、授業という「場面」での最も基本的な要素であると言えます。

目的: ビンゴのゲームを通して、関係代名詞を用いた文に多くふれる機会を与える。

活用技能: Listening

活動時間: 10〜15分

準備: 下記のようなプリントとスクリプトを用意する。

手順:

① 下のようなマス目とその下の(a)〜(p)の表現が印刷されたプリントを配布する。

|  |  |  |  |
|---|---|---|---|
|  |  |  |  |
|  |  |  |  |
|  |  |  |  |

(a) baseball (b) Botchan (c) breakfast (d) doctor (e) giraffe
(f) July (g) library (h) king (i) pajamas (j) ruler (k) Saturday
(l) skate (m) soccer (n) textbook (o) The Story of Genji (p) uniform

② 生徒は(a)〜(p)の表現を自分の好きな場所に書き込む。

③ 教師は下のスクリプトを読み上げ、生徒はスクリプトに相当するものに○をつけていく。スクリプトの読み方は、

　ア．The book which Natsume Soseki wrote is …
　イ．The book which Natsume Soseki wrote is "Botchan."

まず、アのような読み方で1回止まり、少し間を置いてイのように読んで確認していく。

〈スクリプト〉

> The book which Natsume Soseki wrote is …
> The game which you play with two teams of eleven player is …
> The sport which you play on the ice is …
> The tool which you use to draw a straight line is …
> The month which comes after June is …
> The person who you see when you are sick is …
> The animal which has a very long neck is …

> The oldest novel in the world which was written by Murasaki Shikibu is …
> The clothes which you wear when you sleep are …
> The meal which you eat in the morning is …
> The clothes which you wear when you come to school is…
> The book which you use when you study is …
> The person who is a father of a prince is …
> The day which comes before Sunday is …
> The building which you read and study in is …
> The sport which is played with a ball and a bat is …

(2) 活動: The Robot I Want

　友だちどうしなどで「こんな○○が欲しい」と言うことがありますが、それを英語で言う練習をします。「こんな○○が欲しい」という内容を言うときに必要なのが関係代名詞です。

目的:「こんなロボットがあればいいのに」という内容の英語を作らせて、関係代名詞を用いた文を作る練習をさせる。
活用技能: Writing & Speaking
活動時間: 15〜20分
準備: 作文例を用意する。
手順:
① どんなロボットがあればいいと思うかを考えさせ、それを英語で表現させる(書かせる)。
　　例) I want a robot which can cook a delicious dinner.
　　　　I want a robot which can go to school and study for me.
② ひとりずつクラスの前で作った英文を発表させる。内容を表したイラストを描かせ、それを見せながら発表する形にすると面白い。

# 第4章

## 場面で入る英文法指導の実践 10 高等学校編

# 1 原形不定詞

## 1.1 「原形不定詞」導入の流れと指導のポイント

　原形不定詞とは to の付かない不定詞、つまり動詞の原形のことです。原形不定詞は、①②のような場合に使われます。

① 　知覚動詞＋O＋C(原形不定詞)
　　I *saw* a boy **cross** the street.
② 　使役動詞＋O＋C(原形不定詞)
　　My mother *made* me **go** to the dentist.

ただし、①の場合は C に現在分詞が来て、I *saw* a boy **crossing** the street. のような表現も可能です。しかし、②の C に現在分詞が来ることはありません。
　①②の両者に共通して大切なことは、O と C(原形不定詞)の間に、次に示すように〈主語＋述語〉の関係が成り立っていることです。

① 　⇒ A boy crossed the street.
② 　⇒ I went to the dentist.

この関係について「目的語が、原形不定詞の意味上の主語の役割を果たしている。形は目的格だが、意味的には主語なので注意が必要だ」などと始めから説明する必要はありません。3 章 12 節で紹介した SVOC の文型を土台にすれば、〈O＝C〉の関係を〈主語＋述語〉の関係に拡張することは困難ではありません。
　そのためには、中学校で学習した事項の定着を確実にしておく必要があります。実際に使わせながら、土台を固めておきましょう。また、その定着を見定めながら、①②の構文を意識的に教員の語りかけの中に入れていくようにしましょう。この文法項目を明示的に導入する以前から、多量のインプットを与えておくことによって、理解と定着が容易となるからです。

## 1. 原形不定詞

ここでは、中学校で学習した次のような事項を、拡張へのきっかけとして利用することができます。

③ The news **made** me happy.
④ **Let's**(＝Let us) go to the park.
⑤ I will **help** you with your report.

そのため、使役動詞を先に導入する方法を紹介します。また、help はこの構文で使われることが多いので合わせて導入することにします。

> **原形不定詞の指導のポイント**
> ☆中学校で学習した SVOC を使わせながら定着度を高めておく。
> ☆使役動詞の make, let や help などは既習事項を土台に発展できる。
> ☆教室英語での多量のインプットで理解を促す。

### 1.2 導入場面

最初は使役動詞の構文の導入です。授業で指示を与えるさいに、繰り返し使役動詞を使い、それに反応させることを通して、使役動詞の構文が表す意味と構造に慣れさせていきます。

次に知覚動詞の構文に移ります。学校行事への取り組みを話題とした会話を通して、「～が……するのを目にする／耳にする」という表現に多数ふれさせ、知覚動詞の構文が表す意味と構造に慣れさせます。

### (1) 原形不定詞が使われる「場面」の導入
〈使役動詞の構文〉

> **T:** Let's begin today's class. First, *let* me **talk** about my father. Do you remember who his favorite actress is?
> **S:** Elizabeth Taylor.（pp. 105–106 参照）
> **T:** That's right. We usually call her Liz. Liz died in 2011, and her death made my father very sad. Now, can you tell me what happened to him?

**Ss:** …

**T:** It's difficult for you to answer in a complete sentence. So <u>I will *help* you **answer**</u> the question. "Her death …"

**Ss:** … made him very sad.

**T:** Good job. <u>Now let's do today's vocabulary quiz.</u> Close your textbooks.

**S:** Just a minute, please.

**T:** No, I am sorry. All of you must close your books right now.

**Ss:** （しぶしぶ教科書を閉じる）

**T:** OK. I know many of you wanted to look at your books a few more minutes. But <u>I didn't *let* you **look**</u> at your books. I didn't allow you to look. <u>I *made* you **close**</u> your books.

〈知覚動詞の場合〉

**T:** The chorus contest is just around the corner. I know you practice very hard. <u>I like to *hear* you **practice**</u>. <u>I like to *see* you **sing**</u> along. But … I was shocked this morning.

**S:** What happened?

**T:** I saw Noma-sensei's class early in the morning. <u>Have you ever *seen* them **practice**</u>?

**Ss:** No, never.

**T:** Then <u>you must *see* them **practice**</u>. <u>I *saw* them **sing**</u> along. <u>I *heard* them **sing**</u> in perfect harmony. <u>You must also *hear* them **sing**</u> beautifully.

**S:** Then let's go to see them.

**T:** And what will you do after <u>*seeing* them **practice**</u>?

**Ss:** We will practice much harder than now.

**T:** OK. I am looking forward to <u>*watching* you **practice**</u> today.

(2) 理解の確認

〈使役動詞の構文〉

　What を主語にした疑問文 "What made you …?" を使った問答を通して、

意味が正しく理解できているかを確認していきます。

　はじめは、正しく反応できているかどうかによって、理解を確認します。アウトプットすることまで求める必要はありません。

> **T:** You came to school very early today. What *made* you **come** so early?
> **S:** We have to practice before the HR hour.
> **T:** Handball team members, you are doing weight training during lunch break. What *made* you **start** weight training?
> **Ss:** We need to make our muscles stronger.

　次第に、アウトプットさせる分量を増やしていきます。必要に応じて手助けしながら、最終的には自力で言えるところまで引き上げます。

> **T:** I hear you were told to stop playing computer games. Who *made* you **stop** playing computer games?
> **S:** My father …
> **T:** Oh, your father did. Your father made …
> **S:** My father *made* me **stop** playing computer games.

〈知覚動詞の構文〉

　段階を踏んだ進め方は、使役動詞の構文の場合と同じです。"Have you seen/heard …?" を使った問答を通して、学年や授業担当の教員の特技を紹介していきます。

　はじめは、生徒の反応から理解度を判断します。徐々に、アウトプットを求めていきます。

> **T:** Who is your homeroom teacher?
> **Ss:** Mr. Tajiri is.
> **T:** Have you ever *seen* him **play** baseball?
> **Ss:** Yes. He is a very good player.
> **T:** Then have you *heard* him **play** the drums?
> **Ss:** No. Is he a good drummer?
> **T:** Do you want to hear him **play** the drums?

> **Ss:** Yes.
> **T:** Oh, you do. You want to hear …
> **Ss:** We want to *hear* him **play** the drums.

〈理解の確認（板書）〉

活動の前に板書して、ポイントを整理します。

> ☆使役動詞＋O＋C（原形不定詞）
>   My father *made* me **stop** playing computer games.
> ☆知覚動詞＋O＋C（原形不定詞）
>   We want to *hear* him **play** the drums.

## 1.3 生徒の活動

使役動詞を使った初歩的活動として「お願い〜させて？」「だめ、……させます！」、help を使った発展的な活動として「〜するのを手伝ってあげるよ」を紹介します。

### (1) 「お願い〜させて？」「だめ、……させます！」

ペアで活動します。カードに記された行動を、一方が "Let me …" で願い出ます。それに対して、他方が "No, you can't. I will make you …" と命令します。ただし、make を使うと、「力づくでも」のような、かなり強い主張になることも活動後説明するとよいでしょう。

目的: 許可を与える let と、相手の意思を問わない make を対比的に使う場面で活動させることを通して、状況によって適切に動詞を使い分けることができるようにする。
活動技能: Listening & Speaking
活動時間: 5 分程度
準備: 行動を示すイラストに必要な語句が書かれたカードを数種類作成し、ペアの数だけ用意する。行動は「外で遊ぶ ⇔ 家にいる」のように、反対の行動を言いやすいものを選ぶ。

手順：
① ジャンケンをして勝ったほう(A)がカードを選び、その内容について相手(B)にお願いする。
② Bは、その願いを却下して反対のことを命令する。①②の対話の流れは次のようになる。
　**A:** *Let* me **play** outdoors.
　**B:** No, you can't. I will *make* you **stay** home.
③ 役割を交代して、Bが次のカードを引いて別のお願いをする。
④ Aは、その願いを却下して別の命令をする。
　**B:** *Let* me **ride** a bike to school.
　**A:** No, you can't. I will *make* you **walk** to school.

(2)　「〜するのを手伝ってあげるよ」
　ペアで活動します。カードに記された行動について、一方が「大変そうだね。できる？」と話しかけます。それに対して、他方が「〜するのを手伝ってくれる？」と依頼します。

目的：困った状況になったときに、help を使って助けを求めることができる。
活動技能：Listening & Speaking
活動時間：5分程度
準備：箱を運ぶ、皿洗いをする、庭の草むしりをする、などの行動を示すイラストに必要な語句(carry, wash, weed など)が書かれたカードを数種類作成し、ペアの数だけ用意する。
手順：
① ジャンケンをして勝ったほう(A)がカードを選び、その内容について相手(B)に「大丈夫？」と話しかける。
② Bは「できないので、手伝ってくれる？」とAに依頼する。①②の対話の流れは次のようになる。
　**A:** Can you carry that big box? It looks very heavy.
　**B:** No. This is too heavy to carry. Can you *help* me **carry** it to the backyard?
　**A:** OK. I'll *help* you **carry** it.

## 2 助動詞＋完了形

### 2.1 「助動詞＋完了形」導入の流れと指導のポイント

　助動詞は、文の内容が真実である可能性について、話し手の判断あるいは信念を表します。must は「〜に違いない」、can は「〜はありうる」、may は「〜かもしれない」という話し手の思い（推測）を表します。ここで重要なのは、「話し手の判断」であって、「文の主語」の判断ではないことです。

　助動詞の後に続く完了形は、過去の事柄について言及していることを明示しています。ですから、助動詞と完了形が一緒になると、過去の事柄についての話し手の現在の判断が表現されるのです。助動詞が判断を伝えるこの用法の場合、発話されるさいに強勢が置かれます。

　判断の度合い（確信度）は、must はとても高く、may は 50% 程度です。can は、疑問文と否定文にしか使われません。might や could もこの用法で用いられますが、may よりも確信度が低くなります。

> **助動詞＋完了形の指導のポイント**
> ☆過去の事柄について、話し手の現在の判断・信念を表す。
> ☆話し手の判断であって、文の主語の判断ではない。
> ☆判断の度合い（確信度）は、must はとても高く、may は 50% 程度。
> 　might や could は、may よりも確信度が低くなる。

### 2.2 導入場面

　「助動詞＋完了形」の導入場面として、男子学生 Kaz の英語試験の得点が大幅に伸び、その理由をクラスメートが推測する状況を設定しました。生徒どうしが試験の得点を比較し合い喜怒哀楽を表す様子はよく見かける光景です。そのさい、ある生徒の得点が急速に上昇したことが話題となり、その理由について様々に憶測する場面は、生徒にとって身近なことで、容易に想像できます。場面を導入するさい、満面に笑顔をたたえる Kaz と驚きの表情を浮かべるクラスメートのイラストを提示して人物像を具体的に

イメージさせます。クラスメートの推測を確信度の程度に合わせて「could/may/must＋完了形」で表現します。発話のさいには助動詞に強勢を置き、話者の確信度を表現する用法のさいの音声情報にも注意を向けさせます。このように日常的な「場面」をもとに、表現の「意味」を認識させ、表現「形式」の学習へと発展させて行きます。

### (1) 「助動詞＋完了形」の使われる「場面」の導入

**T:**（少年のイラストを指しながら）Look at this picture. This boy is Kaz. He is a high school student. He was sad that he was not so good at English, but he got a much better mark on the English exam than before. He is all smiles and satisfied with the exam result.（クラスメートのイラストを指しながら）Look at these girls. They are his classmates. They are really surprised at the result. They think it is great, but at the same time they are wondering why he did much better in the exam this time. They say, "**His sister could have helped him**. She is a university student and her major is English language. **He may have started listening to radio English programs**. He was talking about the programs with his friends. **He must have taken English lessons seriously**. He always prepared for English lessons. He did all English homework very well. He often raised his hand to answer questions during English classes. Now Kaz looks like a different student."

### (2) 理解の確認

　ここでは、(1)の場面についての教員との英語でのやりとりや質問を通して「助動詞＋完了形」についての理解を促します。

**T:** （上のイラストを指して）Who is this high school student?

**S:** He is Kaz.

**T:** Right.（右のイラストを指して）Who are these girls?

**S:** They are Kaz's classmates.

**T:** Good. What was Kaz sad about?

**S:** He was not so good at English.

**T:** You're right. Look at Kaz's face. He is all smiles. What is he satisfied with?

**S:** He is satisfied with his exam result.

**T:** OK. How do his classmates feel about it?

**S:** They are really surprised.

**T:** That's right. They are making guesses why Kaz did much better in the exam this time. What is their first guess?（「助動詞＋完了形」を導く質問）

**S:** They think his sister helped him.

**T:** Are they sure?

**S:** Well, they are not so sure …

**T:** They think **IT'S POSSIBLE his sister helped him.**（「助動詞＋完了形」の意味を確認する言い換え）So what is their first guess?

**S: His sister could have helped him.**

**T:** Great! **His sister could have helped him.**（クラス全体にリピートさせ、その後、ある1列の生徒たちに言わせ形式を理解しているか確認する）What is their second guess?（「助動詞＋完了形」を導く質問）

**S:** He started listening to radio English programs.

**T:** Well, are they sure?

**S:** Perhaps.

**T:** Excellent! They think **PERHAPS he started listening to radio English programs.**（「助動詞＋完了形」の意味を確認する言い換え）**He may have started listening to radio English programs.**（クラス全体にリピートさせ、その後、ある1列の生徒たちに言わせ形式を理解しているか確認する）What is their last guess?（「助動詞＋完了形」を導く質問）We know that they are sure of their last guess.

S: He must have taken English lessons seriously.
T: Well-done! They think **he CERTAINLY took English lessons seriously.**（「助動詞＋完了形」の意味を確認する言い換え）They know from his changed attitudes that he really worked very hard at his English lessons. **He must have taken English lessons seriously.**（クラス全体にリピートさせ、その後、ある1列の生徒たちに言わせ形式を理解しているか確認する）

〈理解の確認（板書）〉

「助動詞＋完了形」は、**過去の事柄**（Kaz の得点の伸びの理由）について、**話し手（クラスメート）の現在での推量**を表しています。

His sister **could have helped** him.
　＝**It is possible that** his sister **helped** him.
　　「～だったと考えられる」　確信度は低い
He **may have started** listening to radio English programs.
　＝**Perhaps** he **started** listening to radio English programs.
　　「～だったかもしれない」　確信度は 50％ 程度
He **must have taken** English lessons seriously.
　＝He **certainly took** English lessons seriously.
　　「～だったに違いない」　確信度はかなり高い

## 2.3　生徒の活動

「助動詞＋完了形」を使った初歩的活動として推測ゲーム「一体何が起こった？」を紹介します。

目的：過去の出来事を推測するという「助動詞＋完了形」の文の機能を理解し、その表現を使うことができる。また、口頭発表するさいに、助動詞部分に強勢を置いて伝えることができる。
活用技能：Writing, Speaking & Listening

活動時間：10〜15分

準備：「助動詞＋完了形」を使って描写させる4つの絵を記載し、作成した文を記入するスペースを設けたハンドアウト（下のハンドアウト例参照）。

手順：
① 教員は、ハンドアウトを配布する。下の4つの絵を拡大コピーしたものを黒板に貼る。左端の絵を使って活動例を演示する。左端の絵のような状況になった理由を「could/may/must＋完了形」で表現した文例を板書する。助動詞に強勢を置いて範読する。また、強勢に注意させつつ、クラス全体にリピートさせる。活動時間を設定する。
② 生徒は、教師の演示とハンドアウトの例文にならい、それぞれの絵について2つ以上の理由を推測して、「could/may/must＋完了形」を使って表現し、その文をハンドアウトに記述する。生徒は、文を書き終えたら、できるだけハンドアウトを見ないで言えるように練習する。
③ 教員は、机間巡視して、個々の生徒の活動状況をチェックする。設定時間が経過したら、記述作業を止め、隣の人とペアになるように指示する。
④ 生徒は、隣の生徒とペアになり、お互いに作成した文をできるだけ見ないで推測される理由を話す。それぞれの絵について、ペアの中で一番面白い理由を決定する。
⑤ 教員は、数名指名し、クラス全体に発表させる。そのさい、形式や内容について適宜、フィードバックを与える。

〈ハンドアウト例〉

Guess what could/may/must have happened in each of these scenes.

Example　　　(1)　　　(2)　　　(3)

Joe　　　Bob　　　Lucy　　　Beth

Example: Joe could have had a skiing accident.
　　　　　Joe may have been hit by a car.
(1) _____

(2) _____

(3) _____

**【解答例】**
(1) Bob must have eaten too much chocolate.
　　Bob may have had a fight with his wife.
(2) Lucy could have got a perfect mark on the exam.
　　Lucy's favorite team could have won a game.
(3) Beth must have watched a great movie.
　　Beth may have cut an onion.

# 3 過去完了形

## 3.1 「過去完了形」導入の流れと指導のポイント

　過去完了形は、基本的には「過去」を基点として、それより前のことがらについて「完了や結果の状態、経験、継続」を表したり、2つの出来事について過去のある時よりもさらに前に起こった出来事(大過去)を表したりするさいに使われます。基本的には、既習事項である現在完了形の「時」の基準(現在)を過去のある時点に移したものなので、現在完了形の意味やその使用について確認したのち、過去完了形を導入することで、基点となる時間の違いに気づかせると効果的でしょう。また、2つの出来事に時間的な前後関係があっても、どちらの出来事が先に起きたのかが文脈上明らかであるときは過去形で代用する場合が多くありますが、過去完了形を生徒にはじめて導入するときには、時間的な差がある場合はすべて過去完了形を使って導入するほうがよいでしょう。

> **過去完了形の指導のポイント**
> ☆文の中に「過去のある時点を表す語句や節」などがあり、それが基点となることを確認する。
> ☆過去のある時点(基点)よりさらに前のことがらを表していることを確認する。

## 3.2 導入場面

　時制について学ぶときは、たいてい入学して間もない時であり、どの部活動に所属するかを決める時期です。そこで、教員が自分の高校時代の趣味や部活動を話題に、過去完了形を導入します。まずはじめに、現在完了形を使いながら、教員が現在まで続けていることについて話すことで、完了表現とともに使われる副詞表現について確認するとともに、「基準となる時(現在)よりも前の出来事を表し、それが基準となる時(現在)と関わりを持っている」ということを確認します。その後、話題を教員の高校時代に

3. 過去完了形　157

変えて、生徒に語りかけます。「高等学校に入学し、どの部活動に参加するのか（どのような趣味を始めるのか）」を決めた時を基準として、その理由を、時間軸を明らかにしながら語りかけることで、過去完了形を導入します。

## (1) 過去完了形の使われる「場面」の導入

T: Today I would like to talk about myself. I like baseball. I like the Hanshin Tigers.（下の絵を描く）

（図1-1）

```
                                    now
─────────────────────────────────────┼─────────────────────────▶
                                I like the Hanshin Tigers
```

T: I have been a big fan of the Hanshin Tigers since I was six years old.（先ほど描いた絵に付け加える）

（図1-2）

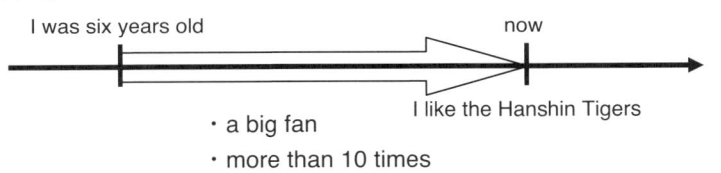

```
     I was six years old              now
─────────┼═══════════════════════════▶┼─────────────────────────▶
                                I like the Hanshin Tigers
         ・a big fan
         ・more than 10 times
```

T:（矢印の部分を指差しながら）I have been a big fan of the Hanshin Tigers since I was six years old.

T:（先ほどの図の矢印の部分をもう一度指差し）I have been to Koshien more than 10 times.（"more than 10 times" を描き加える）

T: I am so happy now because I have just checked the score and learned that the Tigers won yesterday.（別の図を描き、それを指差しながら繰り返す）I am so happy now because I have just checked the score.

（図2）

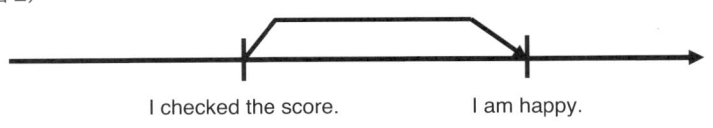

```
                    ┌──────────┐
────────────────────┼──────────┼──────────────────────────────▶
              I checked the score.  I am happy.
```

ここで、現在完了形を使いながら、一通り話をした後、過去完了形の導入に入ります。

---

**T:** By the way, can you take a look at this picture（教員が高校に入学した頃の写真）? Do you know who this is? It's me. I entered high school 〜 years ago. Before I became a high school student, I **had not decided** what club I wanted to join.（下の図を描く）

（図 3-1）

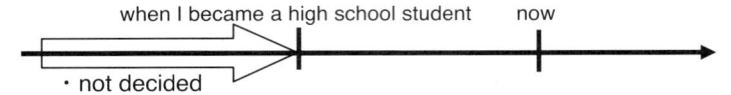

```
                when I became a high school student      now
────────────────────┼──────────────────────┼──────────────→
    ⇒ not decided
```

I wanted to join the baseball club because I **had played** baseball for 10 years before I became a high school student.（先ほどの図に付け加える）

（図 3-2）

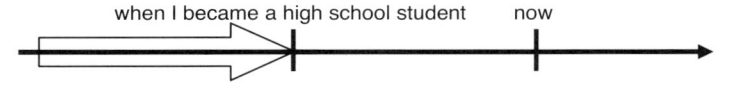

```
                when I became a high school student      now
────────────────────┼──────────────────────┼──────────────→
    ・not decided
    ・for 10 years
```

I also wanted to join the music band, even though I **had never played** any instruments before.（先ほどの図に付け加える）

（図 3-3）

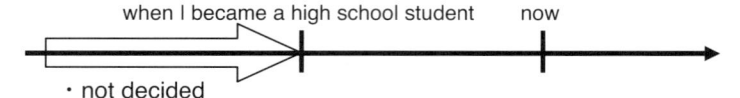

```
                when I became a high school student      now
────────────────────┼──────────────────────┼──────────────→
    ・not decided
    ・for 10 years
    ・never played any instruments
```

It was very difficult decision, but I decided to join the baseball club because I thought it was more difficult to do something **I had never done before.**

## (2) 理解の確認

　ここでは、(1)の場面について、教員は生徒との英語でのやりとりや質問を通して過去完了形についての理解を促します。時間軸などの図を使いながら過去完了形の概念についての生徒の理解を深めるとともに、形式については、教員からの質問に対して生徒が過去完了形を使いながら英文で答えることができるようサポートすることにより、意味と形式の理解を促すとよいでしょう。

> **T:** Now I will ask you some questions. What sport do I like, S1?
> **S1:** Baseball.
> **T:** That's right. I like baseball. And what team do I like?
> **S2:** The Hanshin Tigers.（答えられなければ図1を指差し、答えさせる）
> **T:** Excellent! I like the Hanshin Tigers now.
> 　Since when have I been a big fan of the Hanshin Tigers?
> **S3:** Since you were six years old.
> **T:** Yes.（図1を指差しながら）I have been a big fan of the Hanshin Tigers since I was six years old.
> 　As you see, I became a big fan of the Hanshin Tigers when I was six years old. And now I still like it a lot, so I can say "I have been a big fan of the Hanshin Tigers since I was six years old." Now I would like to ask you a question. What team have I been a big fan of, Student 3?
> **S3:** You have been a big fan of the Hanshin Tigers since you were six years old.
> **T:** Good. Next question. How many times have I been to Koshien, Student 4?
> **S4:** You have been to Koshien more than 10 times.（文章で答えるよう、必要であればヒントを与える）
> **T:** Right.（図1を指差しながら）I have been to Koshien more than 10 times.
> 　Why am I happy now? Why?
> **S5:** Because the Hanshin Tigers won yesterday.
> **T:** That's right.（図2を指差しながら）I have just checked the score on

the Internet. The Hanshin Tigers won! I am so happy now! O.K. Then I showed you a picture of me when I was a high school student. When I became a high school student, there were two clubs I wanted to join. Do you remember which clubs I wanted to join?

**S6:** Baseball, and music band.

**T:** That's right. Why did I decide to join the baseball club? Because I had … （図3の for 10 years の部分を指差し、解答を誘導する）

**S7:** Because you had played baseball for 10 years.

**T:** Good. Can you say it in a full sentence? （図3を指差しながら）

**S8:** You had played baseball for 10 years before you became a high school student.

**T:** That's why I decided to join the baseball club. I didn't join the music band. Why? Because I had … （図3の never played any instruments を指差しながら、解答を誘導する）

**S9:** Because you had never played any instruments before.

**T:** That's right. I had never played any instruments before I became a high school student, so I thought it would be difficult. （図3の一部に junior という単語を付け加える）

（図 3-4）

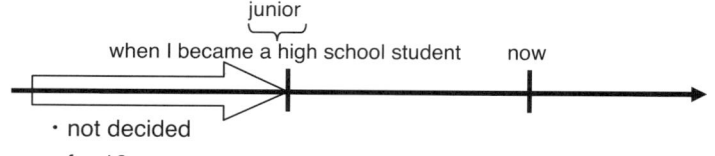

junior
when I became a high school student    now

- not decided
- for 10 years
- never played any instruments

**T:** OK. I will ask some questions to you. (a) <u>What club did you join in junior high school</u>, S10?

**S10:** I joined the soccer team.

**T:** Really? Had you played soccer before you became a junior high school student?

**S10:** Yes, I had.
**T:** How long had you played soccer?(図3を指差しながら)
**S10:** Before I became a junior high school student, I had played soccer for three years.
**T:** Really? S11, how long had he played soccer before he became a junior high school student?
**S11:** Before he became a junior high school student, he had played soccer for three years.
**T:** Everyone.(上の文章を全員で言う)
(数人の生徒に(a)の質問を問いかけ、同じような対話を行う)

(3) 練習

生徒は以下のハンドアウトを使用し、適宜過去完了形を使って、まず口頭で英文を作り、ペアで確認した後、書きます。

**T:** Now I will give you a handout. The sentences on the left are written in order. The sentence (a) happened first, the sentence (b) happened second, and the sentence (c) happened in the end. Fill in the blanks in the right paragraph. The right sentences starts with the situation or action underlined on the left.

〈ハンドアウト〉

| | |
|---|---|
| 1 (a) Ken did not clean his room for a long time.<br>　(b) <u>His room became very dirty.</u><br>　(c) I told him to clean it. | 1 Ken's room became very dirty because he _____ his room for a long time, so I _____ him to clean it. |
| 2 (a) Somebody stole my bike.<br>　(b) <u>I came home.</u><br>　(c) I called the police. | 2 When I came home, I realized that somebody _____ my bike so I _____ the police. |

| | |
|---|---|
| 3 (a) Paul already left the party.<br>(b) I came to the party.<br>(c) I was surprised. | 3 When I came to the party, I _____ because Paul _____ the party. |

【解答】　1 had not cleaned / told　2 had stolen / called　3 was surprised / had already left

## 3.3　生徒の活動

　以下のハンドアウトを用いて、友人や教員、家族の一人にインタビュー（人生を変えた本や人、場所について）を行い、その内容をクラスで発表する活動を行います。インタビュー自体は日本語で行ってもかまいませんが、インタビューを通して知ったことを英語で発表するよう指示するとよいでしょう。この活動では、ある人が、人に出会ったり、本を読んだり映画を見たりした時を基準とし、それ以前のことを表すことで、過去完了形を使う場面を作ることができます。

〈ハンドアウト〉

Interview your friend, your teacher, or your family member, and ask him/her what changed his/her life. Then fill in the blanks below and prepare your speech.

　I interviewed _____. The (book / person / place) that changed his or her life was _____. Before he/she (read / met / went to) _____, he or she _____
_____.

After he/she (read / met / went to) _____, he/she _____
_____
_____.

# 4 現在完了進行形

## 4.1 「現在完了進行形」導入の流れと指導のポイント

　現在完了進行形は、"He is out of breath. Has he been running?"（「彼は息切れしている。走っていたのですか」）のように、「ほんの少し前まで、〜していた」といった、最近終わった出来事について表す場合と、"Is he still watching TV? How long has he been watching it?"「まだ彼はテレビを見ているのですか。どれくらいテレビを見続けているのですか」のように、「ずっと〜し続けていて、今も〜している」といった、現在まで続いている出来事を表す場合があります。

　現在進行形では、「少し前からある行為が始まり、その行為がまだ終わっていないこと」を表しますが、現在完了進行形は、「ある行為が現在まで続いている、もしくは現在の少し前に終わった」ことを表しています。ただし、現在完了進行形には常に現在とのつながりがあることが重要になります。

　また、現在完了形では基本的に「〜し終えた」のように、行為が終わったことに焦点が置かれます。"He has fixed my car, so I can drive to the store."（「彼は私の車を修理し終えたので、お店まで車で行くことができます」）この文章では、修理する、という行為は重要ではなく、その行為が完了したということが重要になっています。一方、現在完了進行形が使われると、「ずっと〜し続けてきた」のように、行為そのものが重要な話題になっており、その行為が終わったかどうかは重要ではありません。"Why are your hands very dirty?" "I have been fixing my car."（「あなたの手はなぜそんなに汚れているのですか」「車を修理していたんです」）この文章では、車を修理することが終わったかどうかは問題ではなく、修理している行為そのものが話題の中心になっています。生徒への導入のさいには、以上のことがらについて、生徒に理解させることが大切です。また、導入のさい、現在完了形を使用するときも、動作動詞を使用することで、生徒がその違いを理解しやすくなるよう配慮する必要があります。

> **現在完了進行形の指導のポイント**
> ☆現在完了進行形は「ある行為が現在まで続いている／現在の少し前に終わった」ことを表す。
> ☆現在完了形とは違い、行為そのものが重要であり、その行為が現在とつながりを持っている。

## 4.2　導入場面

　ある生徒（絵が得意な生徒が望ましい）に、ある場所に関する絵（写真でもよい）を見せ、それを黒板に描くように指示します。その行為（絵を描く）を教員が時制について強調しながら英語で説明します。特に、現在完了形を使用し、「絵を描くという行為が終わったこと」に焦点を置く場合と、現在完了進行形を使用して、「絵を描くという行為」に焦点を置く場合の違いを理解させるようにします。今回は、スペインにあるサグラダ・ファミリア（Sagrada Familia）の写真を使って導入する例を紹介します。

### (1)　現在完了進行形の使われる「場面」の導入

> **T:** S1, can you come up here please? （生徒を前に呼び、その生徒にのみサグラダ・ファミリアの写真を見せる）Can you draw a picture of this on the blackboard?
> **S1:** Yes. （写真を見ながら黒板に絵を描き始める）
> **T:** （他の生徒に向かって）Class, S1 is drawing a picture right now. Can you guess what he is drawing, S2?
> **S2:** (He is drawing) A building?
> **T:** Yes, he is drawing a picture of a building. Do you know the name of this building, S3?
> **S3:** I don't know.
> **T:** OK. Let's wait for a while. （2分間待つ。その間、生徒は絵を描きつづけ、合計3分間絵を描きつづけることになる）
> **T:** OK. S1 **has been drawing** a picture for three minutes. （黒板に描いて

いる生徒に向かって) Stop. Thank you very much.

　S1, can you show your hand? Everyone, look at his hand. His hand is dirty because he **has been drawing** a picture. Here you are. You can use this to clean your hand. (ウエットティッシュを渡す) You have done a wonderful job. Thank you, you can go back to your seat.

　OK. Do you know what this building is? Where can we see this building?
**S4:** I don't know.
**T:** The name of this building is "Sagrada Familia". This is the picture. His drawing is very nice, isn't it? You can see "Sagrada Familia" in Spain. They started building it in 1882. Amazingly, they have not finished building it. They **have been building** it for more than 130 years. (下の図を描く)

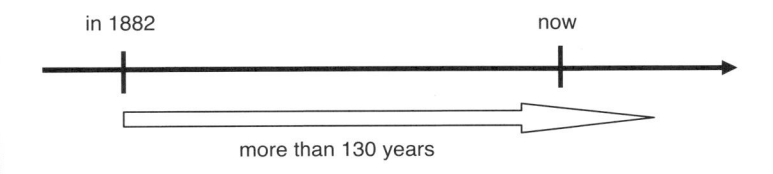

```
        in 1882                              now
    ────┼────────────────────────────────────┼──────────▶
         ◀───────────────────────────────────
                    more than 130 years
```

See. They started building "Sagrada Familia" in 1882. And they are still building it. We can say "They **have been building** it for more than 130 years." It's amazing, isn't it? It's so big and beautiful that a lot of people **have been visiting** this building.

(2) 理解の確認

　導入で用いた内容について質疑応答することで、現在完了進行形が表す意味についての理解を確認するとともに、生徒が現在完了進行形を使用するような質問を与えることで、形式についての理解を促します。

**T:** Now I will ask you some questions. (生徒が描いた絵を見せながら)
　Do you remember the name of the building?
**S1:** "Sagrada Familia."
**T:** That's right. When did they start building it?

**S2:** They started building it in 1882.
**T:** Excellent! Then, have they finished building it?
**S2:** No, they haven't.
**T:** （先ほどの図を見せながら）How long **have** they **been building** it? S3? "They have …"（一文で答えるよう促す）
**S3:** They **have been building** it for more than 130 years.
**T:** OK. S4, how long **have** they **been building** it?
**S4:** They **have been building** it for more than 130 years.
**T:** OK. Everyone.（全員で正しい英文を繰り返す）

以下の文章を板書する。

> (1) S1 **has been drawing** a picture for three minutes.
> (2) His hand is dirty because he **has been drawing** a picture.
> (3) He **has drawn** a picture, so he can go back to his seat.

**T:** In pairs, can you discuss the difference between these three sentences.（それぞれの用法の意味について考えさせる。日本語を使わせてもよい。話し合わせた後、教員も必要に応じて日本語を使用し、それぞれの意味について前述のポイントを簡潔に確認する）

（3）練習

　生徒は以下のようなハンドアウトを使用し、適宜現在完了進行形を使ってまず口頭で英文を作り、ペアで確認した後、書く活動を行います。

**T:** Now I will give you a handout. Look at the pictures and describe them.

〈ハンドアウト例〉

Describe the picture using "have/has been 〜ing"

| 1 earlier / now | 2 earlier / now |
| 3 earlier / now | 4 earlier / now |
| 5 one hour ago / now | 6 two hours ago / now |

## 4.3 生徒の活動

まとめの活動として、"Who is this person in our group?" という活動が効果的です。"What am I?" の活動とほぼ同じ内容ですが、グループで対戦する形で行います。

目的： 現在完了進行形を使って英文を書いたり、話したりすることができる。また、英文を聞いて理解することができる。
活用技能： Writing, Listening & Speaking
活動時間： 20 分

準備：生徒が英文を書くハンドアウト（白紙でもよい）
手順：
① 生徒が、「少し前から現在まで行っていること（スポーツや楽器演奏、散歩やランニングなどの習慣や、毎週見ているテレビ番組など）」を、現在完了進行形を使用して1人3つ以上書きます。
② 4～5人のグループを作り、それぞれの英文を推敲します。
③ 推敲の後、グループ内の1人の英文を選び、その英文のうちの1つをグループの1人が他のグループに発表する。
④ 発表された英文を聞いたグループはそれが相手のグループの誰のことであるかを推測し、答える。
⑤ もし、解答が不正解であれば、2つ目の英文を伝える。2つ目の英文でも不正解であれば3つ目の英文を伝える。
⑥ 1つ目の英文で正解であれば5点、2つ目の文で正解であれば3点、3つ目の文で正解であれば1点が答えたグループの得点となる。
⑦ 互いのグループが2人の英文を発表した段階で、今度は別のグループと対戦する。

この活動を成功させるためには、まず、教員が他教科の教員などから「その教員が少し前から現在まで行っていること」を聞いておき、それを一つずつ生徒に英語で披露し、どの教員の話であるかを類推させる活動を行っておくとよいでしょう。これによって、生徒は1文ずつ披露していくという活動内容を理解できるので、その後の活動をスムーズに行うことができます。

# 5 関係代名詞の what

## 5.1 「関係代名詞の what」導入の流れと指導のポイント

　関係代名詞の what は、他の関係代名詞と異なり先行詞を取らない(先行詞を含む)ことが特徴です。「〜こと(もの)」という意味を表し、名詞節を作ります。"what I said yesterday"(私が昨日言ったこと)のように、具体的な内容でなく概要を伝える日常よく使われる表現です。表現の形式は what ＋S＋V...(what が主語を兼ねる場合は、what＋V...)で表します。関係代名詞 what を導入するにあたり、次のようなポイントを押さえるようにします。

> **関係代名詞 what の指導のポイント**
> ☆先行詞を含む(先行詞なし)。
> ☆名詞節となり、主語、目的語、補語になる。

## 5.2　導入場面

　上でも述べたように、簡単に概要を伝えることに使われる関係代名詞 what は、日頃から使われる身近で便利な表現です。そこで導入場面として生徒の最も身近な教室の場面を考えてみました。「前の授業で勉強したことを復習してみましょう」("Let's review what we studied in the last lesson.")、ウォームアップとして「先週末したことをペアで話してください」("Please tell your partner what you did last weekend.")など、教室で活用できる関係代名詞 what を使った表現には枚挙にいとまがありません。生徒にとっても、教員にとっても実用性が高く、現実的な場面でもあります。

　下の導入場面では、既習の関係代名詞(the thing which ...)を言い換えながら関係代名詞 what へ導きます。生徒の気づきを促すような太字箇所は少し強調します。

## (1) 関係代名詞 what の使われる「場面」の導入

(A teacher begins the class.)
**T:** Hello, class. What did you do last weekend? I want you to tell **the things which** you did last weekend in pairs as today's warm-up.

First, let me tell you **what** I did over the weekend. I went to an aquarium with my family. It was the first time for my children to see a dolphin show. They were very excited to see dolphins jump in the air. We sat in the front row, so sometimes we were splashed. We all got wet, but we enjoyed the show very much. Well, that's **what** I did last weekend.

## (2) 理解の確認

(The teacher continues.)
**T:** Tell me **the things** I did last weekend?
**S:** You went to an aquarium with your family.
**T:** Good. That's **what** I did last weekend.

(The teacher writes the following sentences on the blackboard.)

1) That's [**the thing** (**which** I did last weekend)].
2) That's [**what** I did last weekend].

**T:** Look at the two sentences. You have already learned the expression in Sentence 1. Both sentences have the same meaning. What are the differences?
**S:** "What" and "the thing which."
**T:** Exactly. Those expressions are different, although the meanings are basically the same. Then which do you think is easier to use?
**S:** "What."
**T:** Yes. Using "what" is a more common and convenient expression. Did you understand **what** I said? Now, please make a pair and tell your partner **what** you did last weekend!

5. 関係代名詞の what　171

　関係代名詞 what は、the thing(s) which で言い換えができるので、英語での説明がしやすいかと思います。また、会話の最後にもあるように日頃の授業でも使いやすい表現なので、関係代名詞 what を使いながら理解と定着を図りたいものです。

(3)　練習

　円滑に活動に進むことができるよう関係代名詞 what を使って状況に応じた文を完成させる練習を行います。できれば、ここで関係代名詞 what が主語、目的語、補語（下の練習例では目的語と主語）となることにも気づかせたいところです。

【Situation 1】

I don't understand (says / she / what).

α β γ θ ...

【Situation 2】

I would like to have a dog.

(my / sister / wants what) is a dog.

**Answers:** (1) I don't understand (what she says). (2) (What my sister wants) is a dog.

## 5.3 生徒の活動

　関係詞 what を使ってクイズを作成します。クイズに出したい名詞を考え、それを説明する文を作成します。たとえば、答えとなる名詞を bicycle とし、This is what many students use to go to school. It has two wheels and pedals. といったような具合です。例を実際に出題してみるのもよいでしょう。

目的：関係代名詞 what を使ってクイズを作成し、それに答えることができる。
活用技能：Writing, Speaking & Listening
活動時間：30 分程度(問題作成 15 分＋クイズ 15 分)
手順：
① 教員は、生徒に英語のクイズを作ることを伝え、実際に用意した上のような問題を出して、生徒はそれに答える。
② 教員は問題作成用の紙を配付し、生徒は教員の出した問題を参考に、クイズの問題を作成する。
③ 生徒はペアを作り、お互いの問題の表現をお互いにチェックした後、作成した問題でよいものを一人一つずつ選ぶ。(選んだ問題がわかるように、○を付けておく)
④ 教員は、クラスを 2 つのグループ A, B に分け、グループごとに問題作成用紙を回収する。
⑤ グループ A の作成した問題をグループ B に出題し、グループ B の生徒が答える。その後、同様にグループ B の問題をグループ A に出題する(*出題数はそろえる)。正解数の多いグループの勝ち。

〈Additional Activity〉
　答えとなる名詞をものや事柄に限定せずに、人、場所、時などに広げれば、関係代名詞や関係副詞も含めたより幅の広い活動にすることができます。
　例：Answer (president); Clue (This is a person who leads a country or a company. For example, the US, France, and Korea has this person.)

# 6 関係副詞

## 6.1 「関係副詞」導入の流れと指導のポイント

　関係副詞は、場所、時、理由、方法などを表す名詞を説明したり、限定したりするときに使われます。まず、それらの場所、時、理由、方法などについての説明が必要な「場面」を設定し、会話を通して関係副詞を導入します。ここでは、場所などの説明が必要な旅行の場面を設定してみました。次に、教員と英語でのやりとりを行う中で、教員が質問したり、言い換えたりしながら焦点となっている表現の「意味・働き」（先行詞を修飾する）や、その表現の「形式」（先行詞＋関係副詞＋S＋V）へと導き、関係副詞の理解を確認していきます。そして、それら一連の導入と練習の後に、クロスワード・パズルを活用したコミュニケーション活動へと展開します。

　関係副詞を導入するにあたり、既習の関係代名詞との類似点や相違点に注意し、次のようなポイントを押さえるようにします。

> **関係副詞の指導のポイント**
> ☆先行詞を後置修飾する「形容詞の働き」をしている。
> ☆先行詞は、関係詞節の中で「副詞の役割」を担っている。

## 6.2 導入場面

　関係副詞の導入場面として、友人である外国人が夏休み中に行った旅行について教員が聞いたことを生徒に話す、という場面を設定しました。旅行で行った場所の説明は、関係副詞 where がよく使われる場面の一つだからです。会話の中の言い換えを通して、関係副詞が先行詞を後ろから修飾する「形容詞の働き」をしていることや、副詞の there から関係副詞の where に置き換えることによって、先行詞は関係詞節の中で「副詞の役割」を担っていることに気づかせます。また、既習事項である関係代名詞も会話の中に加え、比較しながら関係副詞のさらなる理解を促すことをねらいとしています。

## (1) 関係副詞の使われる「場面」の導入

> **T:** I have a friend from the United States. His name is Michael. I talked with him last night and he told me about his trip to Kyoto. He had wanted to go to Kyoto for a long time. He went to Kinkakuji temple, Nijojo castle, and Kiyomizu temple. He learned a lot about Japanese history and culture there. He also went to a special restaurant. There, he ate food outside and enjoyed looking at Kamogawa river. Have you seen a restaurant **where** you can eat food outside and enjoy looking at Kamogawa? Look at this picture (above). This kind of restaurant is called "Noryou-doko"（納涼床）in Japanese. He told me that eating there was one of the best experiences in Kyoto.

## (2) 理解の確認

　ここでは、(1)の場面について、教員は生徒との英語でのやりとりや質問を通して関係副詞についての理解を促します。もちろん実際にはこのやりとりの通りにはならないので、こちらのねらいとするポイントを導くような質問や言い換えを含めます。

> **T:** Where did my friend, Michael, visit?
> **S:** Kyoto.
> **T:** Why?（関係代名詞の復習を導く質問）
> **S:** Because he wanted to visit Kyoto for a long time.
> **T:** Yes, Kyoto was the place **which** he had wanted to visit for a long time. Where did he visit in Kyoto?
> **S:** Kinkakuji, Nijojo, Kiyomizudera.
> **T:** That's right. What did he learn there?
> **S:** Japanese history and culture.
> **T:** Excellent! He learned a lot about Japanese history and culture. What

else did he do?

**S:** He went to a restaurant.
**T:** Yes. <u>What can people do at the restaurant?</u>（関係副詞を導く質問）
**S:** People can eat food outside and enjoy looking at the Kamogawa river.
**T:** That's right. He went to a special restaurant. **There**, he ate food outside and enjoyed looking at Kamogawa. <u>He went to a special restaurant **where** he ate food and enjoyed looking at Kamogawa.</u>

(The teacher writes the sentences below on the blackboard.)

> 1) Michael went to a special restaurant **which** is popular.
> 2) Michael went to a special restaurant **where** he enjoyed food.

**T:** You have already learned Sentence 1. <u>What is similar between Sentence 1 and 2?</u>（関係副詞の「意味・働き」に気づかせる質問）
**S:** Both "which" and "where" explains "a special restaurant."
**T:** Right. Both expressions tell what kind of restaurant it is. <u>What is the difference then?</u>（関係副詞の「形式」に気づかせる質問）
**S:** The words "which" and "where" are different…
**T:** Can anyone think <u>why different words are used</u>? Please look at the underlined part.（関係副詞節内での「副詞」の働きに気づかせる質問）
**S:** …
**T:** I'll give you more clues. What is popular in Sentence 1?
**S:** A special restaurant.
**T:** Good. Where did he enjoy food?
**S:** A special restaurant.
**T:** Yes, **in a special restaurant** (or **there**) he enjoyed food.
**S:** Okay, I see.

関係代名詞と関係副詞の違いの指摘などは、なかなか英語でうまく出てこないかもしれません。その場合、英語での展開にこだわりすぎず、「気づ

き」を優先し、必要に応じて日本語が使われる場面もあるかもしれません。また、ここでは関係副詞 where の説明のみにとどめましたが、同じ要領で when, why, how など他の関係副詞についても学習させます。次の(3)練習に進む前に生徒が以下の点を理解しているか確認しましょう。

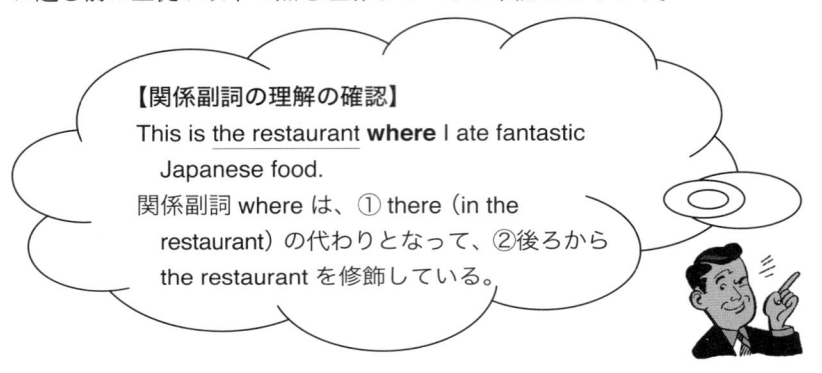

【関係副詞の理解の確認】
This is the restaurant **where** I ate fantastic Japanese food.
関係副詞 where は、① there (in the restaurant) の代わりとなって、②後ろから the restaurant を修飾している。

### (3) 練習

続いて、活動に円滑に進むことができるよう関係副詞の練習を行います。

**T:** This is a special restaurant. There Michael ate fantastic food. (The teacher shows the picture above again.) What kind of special restaurant is it?
**S:** It's a special restaurant **where** Michael ate fantastic food.
**T:** Good! (The teacher shows another picture.) This is a stadium. There I watched a soccer game. What kind of stadium it is?
**S:** It is a stadium **where** you watched a soccer game.
**T:** Great!

## 6.3 生徒の活動

関係副詞を使った活動例として関係副詞クロスワード・パズルを紹介します。この活動は、生徒が関係副詞を使いながらクロスワード・パズルを作成し、それをお互いに解くインフォメーションギャップを活用した活動です。ヒントを英語で書き (writing)、それを読んで (reading) パズルを解く2つの技能を統合した活動でもあります。学習した関係副詞に応じて、活

動を行います。ここでは where と when の活動としました。

目的：関係副詞(where, when)を使ってヒントを作成することができる。また、それを読んで、パズルに答えることができる。
活用技能：Writing & Reading
活動時間：30 分程度
使用教室：コンピュータ教室
準備：教員が答えとなる単語(英語で説明するうえで関係副詞を使わなくてはならないようなもの)を選んで、2 つのハンドアウト A, B を作成しておく。また、クロスワード・パズル作成のため、インターネット上のクロスワード作成無料サイトを確認する(例：Crossword Puzzle Games: http://www.crosswordpuzzlegames.com/create.html)。
手順：
① 教員は、生徒にペアを作るよう指示する。
② ペアとなった生徒それぞれにハンドアウト A, B を渡す。

〈ハンドアウト A の例〉

---
***Please explain the words below to make a crossword puzzle.***
（Example）
Valentine's Day: This is the day **when** girls give chocolate to boys.
【Words to Explain】
Christmas / winter / April / holiday / birthday / kitchen / school / airport / library / house

---

③ 生徒は、それぞれハンドアウトの単語を説明する Key を作成する。
④ 生徒はクロスワード作成サイトを使って、単語と作成した Key を入力し、クロスワードを作成・印刷する。
⑤ 生徒はお互いに作成したクロスワード・パズルを交換し、関係副詞を使ったヒントを読みながら、パズルを解く。
⑥ 生徒はクロスワード・パズルを解き終わったら、お互いに解答を確認する。

〈関係副詞を使ったクロスワード・パズルの例〉

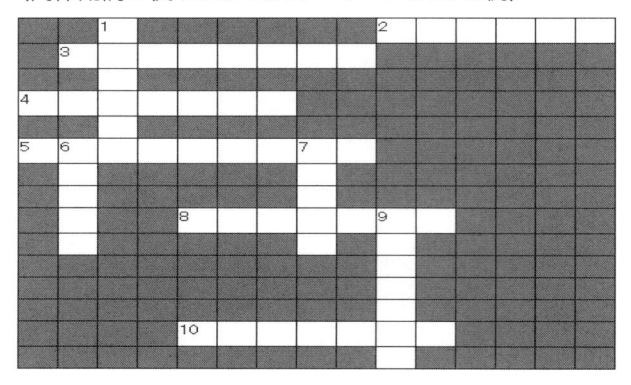

## Keys

### ACROSS

2. This is a place where you study.
3. This is the day when you were born.
4. This is the room where you cook.
5. This is the day when children get presents from Santa Claus.
8. This is a day when you don't have to work.
10. This is a place where you read books.

### DOWN

1. This is the period when it is very cold.
6. This is a place where you live.
7. This is the month when schools start in Japan.
9. This is a place where you get on a plane.

# 7 関係詞(非制限用法)

## 7.1 「関係詞(非制限用法)」導入の流れと指導のポイント

これまで関係代名詞や関係副詞を取り上げました。このセクションでは、関係詞の基本的な使い方(制限用法)を学習したことを前提に、関係詞の非制限用法を取り上げます。どちらも先行詞にあたる名詞を修飾しますが、制限用法が先行詞を限定していくのに対して、非制限用法では(たとえば固有名詞や人称代名詞の後のように)すでに特定されている名詞にさらに情報を付け加えます。関係詞の非制限用法は、書き言葉で使われることが多いようです。先行詞についての情報を付け加える働きをして、「先行詞＋, 関係詞」の形式を取ります。特に、関係詞(制限用法)との違いに注意しながら、指導するよう心がけます。

> **関係詞(非制限用法)の指導のポイント**
> ☆書き言葉で使われることが多い。
> ☆形式の違い(カンマの有無)に気づかせる。
> ☆すでに限定されている先行詞(固有名詞など)の補足説明をする働きをしている。

## 7.2 導入場面

関係詞(非制限用法)の導入場面として、教員が、ALT から夏休み中にもらった絵はがきについて生徒に話すという場面を設定しました。絵はがきでは、限られた紙面の中でメッセージを伝えながら、必要に応じて説明を補足しなくてはなりません。関係詞制限用法の使い方を復習しつつ、非制限用法の違いへと自然に導きたいものです。

(1) 関係詞(非制限用法)の使われる「場面」の導入

関係詞(非制限用法)の使われやすい場面の設定として、次の3点に注意しました。

180　第4章　場面で入る英文法指導の実践10：高等学校編

① 文書体で使われることが多いので、書き言葉でのコミュニケーションをする設定とする。
② 文脈の中で補足説明が必要となる状況設定をする。
③ 生徒にとって受け入れやすい場面設定で、後で行うコミュニケーション活動にも活用できるものとする。

これらの条件を考え、今回は昨年までお世話になり母国に戻ったALT（外国語指導助手）の先生から英語教員がもらった絵はがきをクラスに紹介するという場面を設定しました。

> (The teacher shows students the postcard on the screen or as a handout.)
> **T:** Look at this. I got this postcard from Mr. Cooper, the ALT. As you know, he taught you English last year. Today I would like to share it with you. Please read the postcard.

〈絵はがきの例〉

> Hi! How have you been? It has been five months since I left Japan. In July, some of my friends and I went to Yosemite National Park, which is one of the biggest national parks in the US. We stayed there for one week and enjoyed trekking, camping and BBQ. I hope you can come to the US in the near future, so that we can go camping together. Please say hello to your students!
> 　　　　　　Your friend, Bill Cooper

(2)　理解の確認
　(1)の絵はがきについて、教員は生徒との英語でのやりとりや質問を通

## 7. 関係詞(非制限用法)

して内容を確認しながら、関係代名詞(非制限用法)についての気づきと理解を促します。

**T:** Who wrote this postcard?
**S:** Mr. Cooper.
**T:** What did he do in our school? (関係代名詞の復習を導く質問)
**S:** He taught us English last year.
**T:** Yes, he was an ALT who taught us English last year. What did he say in the postcard?
**S:** He went to Yosemite National Park.
**T:** Good. What did he do there?
**S:** He enjoyed trekking, camping, and BBQ.
**T:** Yes, that sounds great, doesn't it? At the end of the postcard, what did he say?
**S:** Please come to the US!
**T:** Yes. He also said hi to all of you. By the way, what kind of place is Yosemite National Park? (関係代名詞非制限用法を導く質問)
**S:** One of the biggest national parks in the US.
**T:** Excellent! He went to Yosemite National Park, which is one of the biggest national parks in the US.

(The teacher writes the sentences below on the blackboard.)

> 1) Bill went to a national park **which** is one of the biggest national parks in the US.
> 2) Bill went to Yosemite National Park, **which** is one of the biggest national parks in the US.

**T:** You have already learned Sentence 1. Can you see any differences between Sentence 1 and 2? (関係詞制限用法と非制限用法の「形式」に気づかせる質問)
**S:** Yosemite National Park and a national park?
**T:** Yes, anything else?

**S:** In Sentence 2, there is a comma before "which."
**T:** Right. Are there any differences in meanings?
**S:** …
**T:** I will give you a clue. How many Yosemite National Park are there in the US?（関係代名詞の「意味・働き」に気づかせる質問）
**S:** One!
**T:** How about national parks?
**S:** I don't know, but I think there are many national parks…
**T:** Right. There are 58 national parks!
In Sentence 1, Bill tries to focus on which national park he is talking about. On the other hand, in Sentence 2, we know what national park he is talking about, and he adds some information.

(on the blackboard)

**Sentence 1**
a national park ← [**which** is one of the biggest national parks]

【Focus】**which** is one of the biggest national parks

a national park   a national park   a national park

**Sentence 2**
(Already Focused)
Yosemite National Park ＋ [, **which** is one of the biggest national parks]

Additional Information

ここでは関係代名詞の非制限用法の説明のみにとどめましたが、同じ要領で関係副詞 when, where の非制限用法についても学習させます。また、生徒の理解度に応じて、補助として日本語の説明を加えてもかまいません。

## (3) 練習

続いて、活動に円滑に進むことができるよう関係詞（非制限用法）の練習を行います。

> T: Please make pairs. Student A and B have a different set of strips. Please cooperate with each other and complete the sentences. Whenever necessary, add a comma to the sentence.
>
> | Strips for Student A | Strips for Student B |
> |---|---|
> | ① I called my mother | who taught her English five years ago |
> | ② I want to buy a computer | whose color is gold |
> | ③ Yuri met Mr. Tanaka | who is traveling in Korea |
> | ④ Michael visited Kinkakuji temple | where only 200 people live |
> | ⑤ Ms. Suzuki comes from an island | which is less than 80,000 yen |

**Answer:** ① I called my mother, **who** is traveling in Korea.　② I want to buy a computer **which** is less than 80,000 yen.　③ Yuri met Mr. Tanaka, **who** taught her English five years ago.　④ Michael visited Kinkakuji temple, **whose** color is gold.　⑤ Ms. Suzuki comes from an island **where** only 200 people live.

## 7.3　生徒の活動

関係詞（非制限用法）などを使いながら、ALT に返事の絵はがきを書いてみます。自分の訪れたお薦めの場所や楽しんだ活動などを書くとともに、ぜひまた日本を訪れてほしい旨を付け加えます。情報の付け加え方などを説明しながら、関係詞（非制限用法）の使用を促します。

目的: 関係詞（非制限用法）を使って情報を追加したり、説明を加えたりし

ながら、英語で絵はがきを書くことができる。

活用技能：Writing & Reading

活動時間：30分程度

準備：生徒がオリジナルの絵はがきを作れるように写真の大きさの2倍の紙を用意しておく（紙の半分に写真を貼り、残り半分に手紙を書く）。また、生徒に絵はがきにしたい写真（または写真のコピー）を準備するよう事前に指示しておく。

手順：

① 教員は、生徒に準備してきた写真についての手紙の下書きを書くように指示する。そのさい、まずストーリーを優先させる。

　　ex.) I went to a fireworks display in Tsuchiura city. I have never seen such a wonderful one before. There were so many food stands, so I enjoyed the food as well. If you have a chance, please go and see it.

② 必要に応じて追加情報や説明を付け加えさせる。

　　ex.) I went to a fireworks display in Tsuchiura city [, **which** is in the southern part of Ibaraki prefecture.]

③ 下書きの準備ができたところで、用意しておいた紙を配付する。

④ 生徒は、準備してきた写真と下書きをもとに、はがきを完成させる。

⑤ 完成したはがきを掲示して、生徒どうしで読み合い、ALTの先生がまた日本に来たくなるはがきに投票し、Best Postcard from Japanを選ぶ。

# 8 仮定法過去

## 8.1 「仮定法過去」導入の流れと指導のポイント

　仮定法過去は、現時点における実現しそうにない願望や、現在の事実に反することを述べるときに使われます。どのようにしてこの非現実性が生まれるのでしょう。現在形で表現される英文の内容はリアルなことを表します。過去形は、現在から切り離された遠いもの、つまりリアルなことからの距離感を表します。過去形を使うことで現実からの距離感を明示し、事実からかけ離れた気持ちを文に重ねるのです。話し手・書き手は、現実の世界（事実）から離れた夢の世界（非事実）のことと意識して、文を表現するのです。帰結節で使われる助動詞は、文の表す内容についての話し手・書き手の判断や信念を表しています。非現実を意識しての表現ですから現実味を感じさせる will, can, may を使うことはできません。その代わりに各助動詞の控えめの形 would, could, might を使うのです。

> **仮定法過去の指導のポイント**
> ☆過去形は「現実との距離感＝非現実」を表している。
> ☆帰結節の助動詞は、書き手・話し手の判断や信念を表している。

## 8.2 場面の導入

　仮定法過去の導入場面として、教員が自身の関心事である歴史上の人物について生徒に語るという場面を設定しました。日本史や世界史に登場する人物は生徒の学習・既知事項であると想定されるからです。人物の写真を提示して、人物を具体的にイメージさせ、背景情報を想起させつつ人物描写を進めます。最後に、事実を I know I can't talk with him. と認識させたうえで、その事実と反する内容を「I wish that 主語＋過去形」の形で表現し、仮定法過去を導入します。さらに、非事実の内容を if 節を使った仮定法過去で展開します。関連ある内容で仮定法が使われる「場面」、その表現の「意味」、その表現「形式」の学習へと発展させて行きます。

## (1) 仮定法過去の使われる「場面」の導入

> **T:** I am interested in Japanese history. In particular, I like historical people from the end of the Edo Period. My favorite character is Ryoma Sakamoto. He had two big dreams. First, he wanted to change Japan. He worked hard to make Japan a democratic country where people could do what they wanted to do. He also tried hard to make Japan a strong country which could compete with advanced countries equally. Second, he wanted to travel around the world in his own ship and experience it. I am sorry that he was killed in 1867 before his dreams came true. I have my own dream. It is to talk with Ryoma Sakamoto. I know I can't talk with him, but **I wish I could talk with him now. If I could talk with him now, I would tell him about today's Japan and world.**

## (2) 理解の確認

　ここでは、(1)の場面についての教員との英語でのやりとりや質問を通して仮定法過去についての理解を促します。

> **T:** I like historical people from the end of the Edo Period. Who do I like most among them?
> **S:** Ryoma Sakamoto.
> **T:** That's right. He had two dreams. What was his first dream?
> **S:** It was to change Japan.
> **T:** Good. He wanted to change Japan. He wanted to make Japan a democratic and strong country. What was his second dream?
> **S:** It was to travel around the world in his own ship and experience it.
> **T:** You're right. Did his dreams come true?
> **S:** No, they didn't.
> **T:** That's right. Unfortunately, he was killed before they came true. I have

my own dream. What is it?
- **S:** To talk with Ryoma Sakamoto.
- **T:** You're right. <u>Is it possible for my dream to come true?</u>（仮定法過去を導く質問）
- **S:** No, it isn't.
- **T:** Right! **I know I can't talk with him**, but **I wish I could talk with him now**.（クラス全体に数回リピートさせ、その後、ある一列の生徒たちに言わせ、形式を理解しているか確認する）
  **What would I tell him about if I could talk** with him now?
- **S:** **You would tell him** about today's Japan and world.
- **T:** Excellent! **If I could talk with him now, I would tell him about today's Japan and world.**（クラス全体に数回リピートさせ、その後、ある一列の生徒たちに言わせ、形式を理解しているか確認する）

〈理解の確認（板書）〉
I know I can't talk with him, but I wish I **could** talk with him now.
If I **could** talk with him now, I **would** tell him about today's Japan and world.
過去形は、現在から切り離された遠いもの、つまりリアルなことからの距離感を表します。

## 8.3　生徒の活動

　仮定法過去を使った初歩的活動として「もしも歴史上の人物に会えたなら」、発展的な活動として「教室に欲しいもの」を紹介します。

(1)　「もしも歴史上の人物に会えたなら」

目的：非現実的場面を設定し、仮定法を使って自分の夢を伝えることができる。

活用技能：Writing & Speaking

活動時間：10〜15分

準備：ハンドアウトを作成する。

〈ハンドアウト例〉

---

**Example:**
My favorite historical person is Ryoma Sakamoto.
I wish I could meet him. What would I do if I could meet him?
If I could meet him, I would tell him about today's Japan.
If I could meet him, I would ask him how he feels about today's Japan.

My favorite historical person is ＿＿＿＿＿＿.
I wish I could meet ＿＿＿＿. What would I do if I could meet ＿＿＿＿?
If I could meet ＿＿＿＿, I would ＿＿＿＿.
If I could meet ＿＿＿＿, I would ＿＿＿＿.

---

手順：

① 教員は、ハンドアウトを配布して、例文を使い活動方法を説明する。そのさい、例文の拡大プリントを黒板に貼るか板書した後、点線部に表現を記入しながら演示する。ペアワークでは文を見ないで言うことを奨励するので、その模範となるよう文を暗記しておき、生徒たちに語りかけるように話す。

② 生徒は、教師の演示とハンドアウトの例文にならい、下線部に必要な情報を記入する。

③ 文を書き終えたら、できるだけハンドアウトを見ないで言えるように練習する。

④ まず、隣の生徒とペアになり作成した文を伝え合う。さらに、前後の生徒とペアとなり同じことを行う。計3人の生徒と行う。

⑤ 教師は数名の生徒を指名し、クラス全体に対し発表させ、フィードバックを与える。この場合も、できるだけハンドアウトを見ないで言うよう

に奨励する。

【Additional Activity】
　ペアとなった生徒の情報を聞き取り、別の生徒にその情報を紹介する作業を加えることができます。この作業を加えることで、正確な聞き取りが必要となるため、相手の話に集中して耳を傾けるようになり、さらに、主語をIからSheまたはHeに変換させるため、より情報処理の負荷がかかる活動とすることができます。

(2)　「教室に欲しいもの」
　教室での日常生活という身近な場面を設定して、仮定法過去の機能である「実現しそうにない願望」を意識して、自分の望みを表現することで、仮定法過去が使われる「場面」の中で「意味」と「形式」の定着を図ります。

目的: 教室での日常生活をより快適に送るために、「こんなものがあったらなあ」という願望を、仮定法過去を使って表現する。
活用技能: Reading & Writing
活動時間: 10〜15分
準備: ハンドアウトを作成する。

〈ハンドアウト例〉

---

**Example:**
I wish there were <u>a microwave oven</u> in this classroom.
If there were a microwave oven in the classroom, we could have a hot lunch.

1. I wish there were _____ in this classroom.
   If _____.
2. I wish there were _____ in this classroom.
   If _____.
3. I wish there were _____ in this classroom.
   If _____.

4. I wish there were _____ in this classroom.
   If _____.
5. I wish there were _____ in this classroom.
   If _____.

手順：
① 教員は、ハンドアウトを配布して、例文を使い活動方法を説明する。そのさい、例文を板書した後、点線部に表現を記入しながら演示する。文章作成時間を設定し、ハンドアウトを渡すタイミングを知らせる。
② 生徒は、教師の演示とハンドアウトの例文にならい、設定された時間内に下線部に必要な情報を記入する。
③ 教師の時間の指示に従い、生徒は同列後部座席の生徒にハンドアウトを渡す。列最後尾の生徒は最前列の生徒に渡す。
④ 生徒は、受け取ったハンドアウトに必要な情報を記入する。ただし、すでに取り上げられたものと同じものを書くことは禁止とする。同様の活動を列の人数分回繰り返す。
⑤ 生徒は、最後に手元に残ったハンドアウトにあるすべての文を読み、一番よいアイディアを記した文を選択する。
⑥ 教師は各列1人の生徒を指名し、クラス全体に対し発表させる。そのさい、発表した内容に賛同する生徒の数を挙手で確認し、クラス全体で一番よいアイディアを記した文を決定する。

# 9 仮定法過去完了

## 9.1 「仮定法過去完了」導入の流れと指導のポイント

　仮定法過去完了は、本来過去形で述べる事柄から距離をとって(時をずらして)過去完了形を使うことで、「過去の非事実」を述べるさいに使われます。仮定法過去完了は、過去を振り返り、「もし過去に起きた出来事が違っていたらどうなっていただろう」と個人の感情や意見を表現する形式です。ここでは、ある少年の過去の失敗談を説明し、過去の非事実を述べて後悔の気持ちを示す「場面」を設定しました。次に、教員との英語でのやりとりの中で、焦点となる表現の「意味と働き」(過去の非事実を述べて、感情や意見を伝える)や、表現「形式」(「wish＋主語＋had＋過去完了形」と「If＋主語＋had＋過去完了形, 主語＋助動詞の過去形＋have＋過去完了形」)へと導き、理解を確認していきます。一連の導入と練習の後に、生徒の生活に関連したコミュニケーション活動へと展開します。仮定法過去完了を導入するにあたり、次のポイントを押さえるようにします。

> **仮定法過去完了の指導のポイント**
> ☆過去完了形は「過去との距離感＝非事実」を表している。
> ☆過去を振り返り、「もし過去に起きた出来事が違っていたらどうなっていただろう」と個人の感情や意見を伝える表現である。

## 9.2 場面の導入

　仮定法過去完了の導入場面として、男子学生 Ken が朝寝坊をして学校に遅刻する状況を設定しました。遅刻は、学校生活でよく見かける光景であり、容易に場面を想像できるからです。教師が Ken の失敗談を導入するさい、イラストを提示して人物を具体的にイメージさせた後、遅刻した経緯を語り、反省している気持ちを感情を込めて伝えます。過去の事実 'I didn't set my alarm clock as usual.' を認識させたうえで、その事実と反する気持ちを「I wish＋主語＋had＋過去分詞」の形で表現し、仮定法過去完了を導入

します。さらに、非事実の内容をif節を使って表現する仮定法過去完了へと展開します。日常的な「場面」をもとに、表現の「意味」を理解させ、表現「形式」の学習、さらに練習へと発展させて行きます。

### （1） 仮定法過去完了の使われる「場面」の導入

> **T:** Look at this picture. This is Ken, a high school student. Today he was late for school. Last night he stayed up late using the Internet. He went to bed around one o'clock. He usually sets his alarm clock for seven o'clock, but he was so tired that he forgot to do so. This morning, when he woke up, it was already eight o'clock. He jumped out of his bed, got dressed quickly, and left home. However, he arrived at school in the middle of the first class. He slowly opened the door and stepped in. The teacher called his name and scolded him for being late. The teacher told Ken that he should not let it happen again. Ken responded with a nod. He felt embarrassed all the time till the end of the lesson. Now he regrets what he did. He says, "I am really sorry I didn't set my alarm clock! **I wish I had set** my alarm clock. **If I had set** my alarm clock, I **would have come** to school on time."

### （2） 理解の確認

ここでは、(1)の場面について英語でのやりとりや質問を通して仮定法過去完了についての理解を促します。

> **T:** （イラストを指して）What do you know about this young man?
> **S:** He is Ken. He is a high school student.
> **T:** Good. Today he was late for school. Why?
> **S:** He stayed up late using the Internet and went to bed very late.
> **T:** Right, he went to bed around one o'clock. Is that all?
> **S:** He was so tired that he forgot to set his alarm clock.
> **T:** Very good. What time did he wake up this morning?

**S:** At eight o'clock.
**T:** You're right. When did he arrive at school?
**S:** He arrived in the middle of the first class.
**T:** Yes. What happened to him when he slowly entered the room?
**S:** The teacher called his name and scolded him for being late.
**T:** Great. Now how does he feel about what he did?
**S:** He regrets it.
**T:** Good. <u>What is he really sorry about?</u>（仮定法過去完了を導く質問）
**S:** He didn't set his alarm clock.
**T:** Well-done. He says, "I am really sorry I didn't set my alarm clock. **I wish I had set my alarm clock.**"（クラス全体にリピートさせ、その後、ある一列の生徒たちに言わせ形式を理解しているか確認する）He continues to say, **"If I had set my alarm clock, I would have come to school on time."**（クラス全体にリピートさせ、その後、ある一列の生徒たちに言わせ、形式を理解しているか確認する）

〈理解の確認（板書）〉
I wish I **had set** my alarm clock.
If I **had set** my alarm clock, I **would have come** to school on time.
過去完了形は、「過去の事実との距離感＝非事実」を述べるさいに使われ、出来事に対する「後悔・反省・非難・皮肉等」の気持ちを表します。

## 9.3　生徒の活動

　仮定法過去完了を使った初歩的活動としてマッチングゲーム「私の相手は誰？」、発展的な活動として「後悔先に立たず」を紹介します。

## (1) マッチングゲーム「私の相手は誰?」

**目的**: 仮定法過去完了の文の形式(If 節＋主節)に慣れさせるとともに、形式と意味の結合を図り、意図する感情を伝えることができる。

**活用技能**: Speaking & Writing

**活動時間**: 10〜15 分

**準備**: 仮定法過去完了の文を 6 つ作成し、それぞれ If 節と主節に分けて印刷した細長いハンドアウトを作成する。また、完成文を記述するさいに使用する別の用紙を作成する。

**手順**:

① 教員は、クラスを列ごとに 6 グループ(A, B, C, D, E, F)に分ける。グループ A, C, E には、同じ If 節部分のハンドアウトを配布し、構成員一人一人が異なる表現を持つようにする。同様に、グループ B, D, F には、同じ主節部分のハンドアウトを配布し、構成員が別々の表現を 1 つ持つようにする。

② 生徒は、ハンドアウトに印刷されている表現を暗記する。

③ 教員は生徒に、グループ A は B と、C は D と、E は F と組み合うことを確認させる。

④ 生徒は、自分の表現を口頭で伝えながら、相手のグループの中で自分の持つ内容に適合する相手を探す。自分の表現に適合する相手を見つけたら、教員のところに行き、用紙を受け取り、完成文を記述して提出する。

⑤ 教員は、完成文を確認し、正しい文であれば、ペアの 2 人に完成文を気持ちを込めて教員に向かって言わせる。

〈使用文〉

—If Bob had had a smart phone, he could have contacted you.
—If you had spoken more loudly, your listeners could have understood your speech.
—If Lucy had had a little more time, she might have solved the math question.
—If my partner had not got hurt, we would have won the tennis match.
—If I had gone two weeks earlier, I might have had better weather.
—If we had taken good seats, we could have seen the singer more clearly.

## (2) 「後悔先に立たず」

目的: 過去を振り返り、「もし過去に起きた出来事が違っていたらどうなっていただろう」と自分の感情や意見を伝える。仮定法過去完了の機能である「後悔・反省・非難・皮肉等の気持ちを伝える」ことができる。

活用技能: Writing & Speaking

活動時間: 15〜20 分

準備: ハンドアウトを作成する。

〈ハンドアウト例〉

---

I am sorry 過去の事実. I wish I 過去の反事実（had＋過去分詞）.
If 過去の反事実（had＋過去分詞）, I 過去の反事実の結果（would / could / might＋have＋過去分詞）.

（具体例）
I am sorry I had a cold on the game day. I wish I had not had a cold on the game day. If I had not had a cold on the game day, I would have played in the game. If I had played on the game day, I could have won the game.

I am sorry I _____ . I wish _____ .
If I _____ ,
I _____ .
If I _____ ,
I _____ .

---

手順:
① 教員は、ハンドアウトを配布する。まずハンドアウトを拡大したものを黒板に貼るか、板書した後、形式を再確認させる。次に具体例の情報を加えつつ活動方法を説明する。具体例を完成させた後、文を見ずにクラス全体に感情を込めて語る活動を演示する(必要に応じて、教員の演示にならい、できるだけハンドアウトを見ないで、感情を込めて相手に伝える練習をさせる)。
② 生徒は、教師の演示とハンドアウトの例文にならい、下線部に必要な情報を記入する。

③ 文を書き終えたら、できるだけハンドアウトを見ないで言えるように練習する。
④ 4人のグループを作り、作成した文を1人ずつ感情を込めて伝え合う。その後、グループ内で一番面白い文を決定する。選ばれた文の作成者は、グループ代表となる。
⑤ 教員は、各グループ代表を指名し、クラス全体に発表させる。そのさい、形式や内容について適宜、フィードバックを与える。
⑥ クラス全体に発表された作品の中から最優秀作品を選ぶ投票を加えてもよい。もしくは、ハンドアウトを回収して、グループの代表作品を別のハンドアウトにまとめ、次の時間に全体に配布してもよい。

# 10 分詞構文

## 10.1 「分詞構文」導入の流れと指導のポイント

　分詞構文は主に書き言葉で用いられます。分詞を中心とした語群が副詞的に用いられ、時、原因・理由、付帯状況(その時の状況)を表す場合が多くあります。

　形式については、2つのことがらが同時に起こっているときは動詞の現在分詞(-ing)もしくは過去分詞が使用され、2つのことがらのうち、あることがらが別のことがらより前に起こった場合、最初に起こったことがらを完了形の現在分詞(having＋動詞の完了形)で表します。また、否定辞の not については、動詞の現在分詞や完了形の現在分詞の前に置かれます。ただし、時、原因・理由、付帯状況(その時の状況)のどの意味を表しているかについては、文脈によるので、常に明確に区別することができるとはかぎりません。

　それぞれの意味で使用されている分詞構文を用いた例は以下の通りです。

① 時を表す場合
　Cleaning my room, I found a picture of my grandfather.(部屋を掃除しているとき、おじいさんの写真を見つけた)
② 原因・理由を表す場合
　Written in simple Japanese, this book will be good for people who want to study Japanese.(簡単な日本語で書かれているので、この本は日本語を学びたい人にとってよいだろう)
③ 付帯状況(その時の状況)を表す場合
　Ken always studies, listening to the radio.(ケンはいつもラジオを聞きながら勉強する)

　また、主節の述語動詞より前のことを表す場合や、否定辞 not を使用する場合は、以下のように表します。

④ 主節の述語動詞より、前のことを表す場合
Having finished her homework, she went to the movie.（彼女は宿題を終えたので、映画を見に行った）
⑤ 否定辞 not を使用する場合
Not having a pen, I couldn't write anything down.（ペンを持っていなかったので、何も書きとることができませんでした）

その他、条件や譲歩などを表す場合もありますが、使用される頻度が少ないので、今回は、時、原因・理由、付帯状況を表す分詞構文に絞った導入例を挙げます。また、独立分詞構文や、慣用表現についても、今回は除外します。

> **分詞構文の指導のポイント**
> ☆分詞を中心とした語群が副詞的に用いられ、時、原因・理由、付帯状況（その時の状況）を表す場合が多い。
> ☆2つのことがらのうち、あることがらが別のことがらより前に起こった場合、最初に起こったことがらを完了形の現在分詞（having＋動詞の完了形）で表す。

## 10.2　導入場面

分詞構文は主に書き言葉で用いられるので、生徒への導入も口頭で行うのではなく、分詞構文で書かれている英文を生徒に与え、それを読ませた後、内容について口頭で確認していくことで、分詞構文の形式、意味について導入していくほうがよいでしょう。

### (1)　分詞構文の使われる「場面」の導入

生徒には以下の英文が書いてあるハンドアウト（以前日本に来ていた留学生が書いた手紙という設定）を配布し、その内容について英語でやりとりしながら、意味や形式について導入します。

## 10. 分詞構文

Dear, (教員の名前)

It has been a month since I came back to the US. I had a very good time in Japan. I decided to study Japanese, so I bought a textbook and started studying it every night.

Yesterday, an interesting thing happened. I was studying Japanese, listening to the radio. Having studied for two hours, I was really tired. Hearing the sound of the radio, my mother thought that I was not studying. She always complains that I don't study (I guess it's my fault). She came upstairs to yell at me. Not knowing that I was studying, she opened the door without knocking. Opening the door, she saw me studying at the desk. Surprised to see me studying, she couldn't say anything and closed the door. Later, she apologized to me for bothering me but told me that she was happy to see that going to Japan had a good influence on me. I hope I will be fluent in Japanese next time I come to Japan. I will e-mail you if I have any questions about Japanese.

Sincerely,<br>Jacob

---

**T:** I will ask you some questions. Jacob was doing two things at the same time. What was he doing, S1?

**S1:** He was studying Japanese and listening to the radio.

**T:** That's right. He was studying Japanese, listening to the radio. (He was studying Japanese, listening to the radio. と板書し、それを指差しながら "He was studying Japanese and listening to the radio at the same time." と言うことで、意味を確認する) Then, he said he was very tired. Why was he very tired, S2?

**S2:** Because he had studied for two hours.

**T:** Excellent. Having studied for two hours, he was very tired. (Having studied for two hours, he was very tired. と板書し、それを指差しながら "He had studied for two hours, so he was very tired." と言うことで、意味を確認する) However, his mother didn't think that he was studying. Why? Why didn't she think that he was studying, S3?

**S3:** Because she heard the sound of the radio.

**T:** Good. Hearing the sound of the radio, she didn't think that he was studying. (Hearing the sound of the radio, she thought that he was not studying. と板書し、それを指差しながら "Because she heard the sound of the radio, she didn't think that he was studying." と言うことで、意味を確認する) Why did she open the door without knocking, S4?

**S4:** Because she didn't know that he was studying.

**T:** Right. Not knowing that he was studying, she opened the door without knocking. (Not knowing that he was studying, she opened the door without knocking. と板書し、それを指差しながら、"Because she didn't know that he was studying, she opened the door without knocking." と言うことで、意味を確認する) Why couldn't she say anything when she saw him studying and closed the door, S5?

**S5:** Because she was surprised.

**T:** That's right. Surprised to see him studying, she couldn't say anything and closed the door. (Surprised to see him studying, she couldn't say anything and closed the door. と板書し、それを指差しながら、"Because she was surprised to see him studying, she couldn't say anything and closed the door." と言うことで、意味を確認する)

（2）　理解の確認

　導入のさいの板書をもとに、ペアで、形式や意味について、文脈や導入をもとに話し合わせます（ハンドアウトを配布し、日本語で、形式や意味について気づいたことを書かせるとよいでしょう）。その後、4人のグループを作り、ペアで立てた仮説をグループ内で話し合わせた後、クラス全体で意見を集約するとともに、教員が解説を簡潔に行います。

〈ハンドアウト〉

> 　下線部の部分が文の中でどのような意味や役割を持っているのかを話し合い、その内容をメモしよう。

1. He was studying Japanese, listening to the music.

2. Having studied for two hours, he was very tired.

3. Hearing the sound of the radio, she thought that he was not studying.

4. Not knowing that he was studying, she opened the door without knocking.

5. Surprised to see him studying, she couldn't say anything and closed the door.

(3) 練習

　生徒は以下のハンドアウトを使用し、それぞれの絵の内容について、分詞構文を使用して、英文を完成させます。まず口頭で英文を作り、ペアで確認した後、教員が数人の生徒を指名し、英文の確認をします。確認後、生徒全員に英文をリピートさせてから書かせることで、意味と形式の定着を図ることができます。

〈ハンドアウト〉

Describe the picture.

1. Mary is cooking in the kitchen,

2. Taro hurt his leg,

3. _____ she can speak English fluently.

4. _____ Olivia cannot go to the movies.

【解答例】　1 singing a song　2 skiing in Hokkaido　3 Having studied English hard　4 Not having money

## 10.3　生徒の活動

　最後に、生徒がよく知っている物語を4コマ漫画風にしておき、その内容を、グループで、分詞構文を使いながら書く活動を行います。

【解答例】　Walking along the beach, he saw two boys bulling a turtle. Opening the *Tamatebako*, he was covered with white smoke and became very old.

# 第 5 章
## 英文法力の評価

# 1 パフォーマンス評価

　新学習指導要領が導入され、授業は英語を活用する場面として位置づけられるようになりました。英語を実際に使えるようにする指導が求められ、合わせて英語が使えるようになったかどうかのパフォーマンス評価が必要とされています。英語を文法的に正しく使うことができているかどうかもパフォーマンスの重要な側面です。このセクションでは、パフォーマンスを通した文法評価方法について紹介します。

## 1.1　パフォーマンスを通した文法評価

　英語の授業において英語が使えるかどうかがより重要になり、授業がコミュニケーションの場として設定されている現在、生徒のパフォーマンスを評価していくことは不可欠です。パフォーマンスを通した文法評価には、次のような2つのメリットがあります。1つは、学習した言語材料を実際に活用できるかどうかを評価することができるということです。筆記テストでも学習した文法事項の理解度を見ることは可能ですが、実際のコミュニケーションで使えるかどうかを見ることは必ずしもできません。また筆記テストでは自分のペースでじっくり考えることができる問題でも、コミュニケーションの中では即座に応答をしなくてはなりません。じっくり考え込んでいては、コミュニケーションが成り立たなくなってしまうからです。それに対して、パフォーマンス評価では学習した言語材料を時間的制約のある実際の場面で使用できるかどうかを見ることが可能なのです。

　もう1つのメリットは、正確なだけでなく場面に応じた適切な表現を使っているかどうかを評価することができることです。コミュニケーションの指導をするうえで、意味（meaning）、形式（form）、言語使用（use）が大切な3つの側面となります（Celce-Murcia & Larsen-Freeman, 1999）。定期テストなどの筆記テストで意味と形式を評価することは可能ですが、言語使用を問うことはそれほど簡単ではありません。一方、パフォーマンス評価では、意味、形式ばかりでなく、学習した文法事項や表現を場面に応じて適切に使うことも求められるので、言語使用についても評価することがで

きるのです。たとえば、「消しゴムを貸してもらえますか」という依頼を英語でするとします。友達に頼むのであれば "Can I use your eraser?" でいいでしょうが、先生に頼むのであれば "May I use your eraser?" や "Do you mind if I use your eraser?" のようなより丁寧な表現のほうが使用場面に合った表現と言えるでしょう。このような場面に適した文法の評価もパフォーマンス評価をすることにより可能になるのです。

このような長所を持つパフォーマンス評価ですが、実施にさいしては課題も指摘されています。まず、評価の信頼性を確保することが難しいということです（McNamara, 2000; Brown, 1998）。パフォーマンス評価は主観的な評価になることが多いため、評価が一貫しているか、妥当な評価をしているか、教員には常に不安が伴います。また、文法や表現の正確さをパフォーマンス評価で行おうとすると、メッセージと同時に形式にも注意を払うことになり、教員にとっても易しい評価ではありません。そのためどうしてもパフォーマンス評価の実施に消極的になりがちになるのです。

もう一つの課題は実用性です。文法評価に限ったことではありませんが、パフォーマンス評価を日本の中学・高等学校のような環境（1クラス40人程度）で実施するには時間がかかり、評価の実施を難しくしているのです（松沢、2002; 馬場、1997）。全員に実施すると、パフォーマンスが生徒一人につき1分でも1クラス40人であれば40分かかります。発表者の交代の時間を考えると、円滑に行うことができたとしても授業1時間で終われば上出来なのです。近年1クラスの生徒数が中学校では減る傾向にあるとはいえ、日本の教育現場ではパフォーマンス評価の実施時間や労力、そしてすでに挙げた信頼性の問題などを考慮すると、どうしても積極的に実施しづらい環境があるのもまた事実なのです。

では、学習した文法事項を実際に活用できるかどうかや場面に合った言語使用を評価することができるというメリットを持つパフォーマンス評価を、どのようにすれば信頼性を確保しつつより円滑に進めることができるでしょうか。その答えの1つがチェックリストやルーブリックの活用です。

## 1.2 チェックリストとルーブリックの活用

パフォーマンス評価の信頼性や実用性を上げる評価手法としてのチェッ

クリストやルーブリックとはどのようなものでしょうか。チェックリストとは、あらかじめ評価すべき項目を一覧にしておくもので、パフォーマンスを観察するさい、チェックリストに記載された項目に基づいて生徒の行動を確認します。一方、ルーブリックは、評価項目とその具体的評価基準(尺度)をまとめた評価シートです。パフォーマンス評価は上でも述べたように、主観的なものになることが多く、そのため信頼性が不安視されることがあります。特に、パフォーマンスを通しての文法評価では、伝えている意味と同時に場面での適切さや表現の正確さにも注意しなくてはなりません。つまり、意味と形式の両方を同時にチェックしなくてはならず、そのため評価がいずれかに片寄ってしまう可能性があるかもしれません。そこでチェックリストやルーブリックのようにあらかじめ観察すべき評価項目や具体的な評価基準を明確にし、教員の評価時の負担を軽減することで、より客観的で信頼性の高いパフォーマンス評価の実現を目指すのです。

## (1) チェックリスト

　チェックリストでは、あらかじめ評価対象とする行動をリスト化しておき、生徒のパフォーマンスにおいてそれらの行動が見られるかどうかによって評価します。チェックリストを使って文法や表現を評価する場合、評価対象となる文法の活用が求められる場面設定が必要です。そうでないと文法の評価自体ができなくなってしまうからです。その場面設定をしっかり行うことにより、ターゲットとなる行動をとったかどうかで、比較的簡単に文法や表現の評価をすることができるでしょう。

　では、3章4節で取り上げた助動詞 can の活動をチェックリストを使って評価してみましょう。簡単に振り返ると活動の目的と手順は次のようなものでした(61頁参照)。

　　目的： 依頼の Can you ～? と許可を求める Can I ～? をとっさに言えるようにする。
　　手順： 依頼の場面、および許可を求める場面の絵を小さいカードにし、ペアに1組ずつ渡す。カードを裏にして、めくった絵に合う表現を即座に言う。

評価の観点は、授業の目的や学習項目に基づいていろいろ考えられますが、ここでは本セクションの焦点に合わせて表現の適切さや正確さなど、主に表現の能力を評価するチェックリストを作成してみましょう。まず、表現の適切さとして、①適切な声量で相手に依頼をすることができること、②適切に依頼や許可を求める会話を始め、終わらせることができること、の2点を評価項目にしてみます。特に②では、ターゲットとなる文法表現の「使用場面」を意識し、ただ単に"Can I 〜?", "Can you 〜?"などの表現を使うだけでなく、"Hello."や"Excuse me."で呼びかけたり、"Thank you."で会話を閉じたりする依頼場面に合ったコミュニケーションも評価対象としています。もちろん、評価の前にそのような会話表現を授業で学習していることを前提とします。ここで「場面」を意識して表現しているかを評価するのです。

　また、表現の正確さについては、依頼したり許可をもらったりするにさいして、③Can you 〜? や Can I 〜? を正しく使うことができたかどうかを評価します。ここでターゲットとなる表現の「意味」・「形式」の理解、つまり文法力を評価しています。それらを評価するために作ったのが、下のチェックリストです。

〈チェックリスト例〉

| No. | 生徒氏名 | 適切さ | | 正確さ |
|---|---|---|---|---|
| | | ①声量 | ②会話 | ③ Can 〜? |
| 1 | | | | |
| 2 | | | | |
| 3 | | | | |
| | | | | |

　上に示したような行動が行われたか(例：①十分な声で話していたなど)を観察し、その行動が認められれば空欄にチェックマーク(✓)を付けます。得点については、各1ポイントの3点で評価します。場面に合った表現や文法をターゲットとしているのであれば、「正確さ」の項目を3点として、

5点満点で評価することもできます。このように重み付けをする場合は事前に生徒に明示し、練習や活動のときから焦点を当てさせるとよいでしょう。

## (2) ルーブリック

ルーブリックは評価項目を明示してあるという点でチェックリストと共通していますが、評価項目が「どの程度」達成されたかを評価基準をもとに評価できるという点で異なります。つまり、パフォーマンスのより詳細で、幅の広い文法の評価が可能なのです。たとえば、上のチェックリストで使った活動例を高校レベルの学習にアレンジしてみましょう。依頼を表すより丁寧な表現 Could you 〜? / Do you mind 〜? / I would appreciate if you could 〜? などや、許可を求める表現 May I 〜? / Could I 〜? / Do you mind if I 〜? をすでに学習したとします。そのうえで、目的と手順を高校レベルに変えてみます。

目的： 相手に応じた適切な表現を使って、依頼をしたり許可をとったりすることができる。
手順： 依頼の場面、および許可を求める場面の絵を小さいカードにし、パフォーマンス直前に生徒に渡す。カードの絵を確認のうえ、カードを裏にして、めくった絵に合う依頼をしたり、許可をしたりする。（場面の例：①友人に消しゴムを貸してもらう、②遅刻して受けられなかったテストの再試験を先生にお願いするなど）

チェックリストの例に比べると、この例では表現の幅とともに、場面設定の幅も広がっています。この変化に合わせて評価尺度を3段階に分け、1の評価は努力が必要なレベル、2の評価はコミュニケーションが何とか成立しているレベル、3の評価はコミュニケーションが効果的に成立しているレベルとします。この尺度に基づいて具体的な評価基準を決め、ルーブリックを作成します。

《ルーブリック例》

| 表現の能力 | 評価項目 | 1 | 2 | 3 |
|---|---|---|---|---|
| 適切さ | ①声量 | ☐ 声量が少なく、聞き取れないところが多い。 | ☐ 声量はほどほどで、概ね聞き取ることができる。 | ☐ 声量は十分で、はっきりと聞き取ることができる。 |
| 適切さ | ②表現 | ☐ 相手に応じた丁寧さで、依頼や許可を求めていない。 | ☐ 概ね相手に応じた丁寧さで、依頼や許可を求めている。 | ☐ 相手と内容に応じた丁寧さで、依頼や許可を求めている。 |
| 正確さ | ③文法 | ☐ 依頼や許可の表現が正しく使えていない。 | ☐ 依頼や許可の表現を使っているが、ミスもある。 | ☐ 依頼や許可の表現を正しく使っている。 |

　パフォーマンス評価の評価項目は、すぐに考えられるだけでも発音、イントネーション、声量、コミュニケーションへの積極性・意欲、発表態度などがあり、文法評価も当然のことながらパフォーマンス評価の一部です。パフォーマンスを通した文法評価では、場面に応じて学習した文法や表現を使えるかどうかや即座に使用することができるか、つまりコミュニケーションの中でそれらを使うことができるかどうかを評価することができます。このことは学習者にコミュニケーションにおいて文法を正しく使おうとする姿勢にもつながります。

　新指導要領の導入に伴い、授業がコミュニケーションの場となることにより、生徒が文法を含めた学習事項を活用できるかどうかを評価しなくてはならない機会が今後ますます増えてくることでしょう。このような状況の中で、チェックリストやルーブリックの活用は、文法評価を含めたパフォーマンス評価の信頼性や実用性を高め、指導と評価の一致に役立つことでしょう。

## 2 定期テストでの文法評価

### 2.1 文法の評価

今までの文法の問題では、以下のような、形式についての理解を問う問題が多く出題されてきました。

> **問題例①**
> 次の文を（　　　　）内の語句を使って現在完了形の文に書き換えなさい。
> Tom lives in Osaka.（for 10 years）

問題例①は、現在形の動詞を現在完了形に書き換えるという形式の操作ができるかどうかを測る問題です。確かに、形式を理解しているかどうかを問うことは大切です。しかし、こういった問題が解けるからといって、現在完了形を実際のコミュニケーションにおいて正しく使用できるかどうかはわかりません。実際に生徒に即興で発話させたり、書いたりする活動を行わせると、形式について理解しているにもかかわらず、現在完了形を正しく使用できないということが多く見られます。文法を学ぶ目的は、「場面に適切な、正しい形式を用いて、伝えたい意味を表す文章を作るためである」と考えると、問題例①のような、形式操作ができるかを問う問題だけではなく、ターゲットとなる文法が使われる場面を与え、どのように使用されるのかを理解しているかを測る問題も必要です。

文法に関する問題を作成するさい多く使用される、空所補充や書き換え、選択問題についても、短文の形で出題するのではなく、文脈の中で考え、答えさせる問題を作成することが可能です。ここでは、具体的な問題例とともに、それらの問題作成時の留意点を挙げます。

### 2.2 空所補充の問題

空所補充の問題を作成するさい、単に日本語訳を参考に穴埋めをさせるのではなく、文脈を与え、文章の流れから、空所に入る語を考えさせる問題を作成することができます。

> 問題例②（現在完了形）
> 　次の文章は、太郎と、留学生 John の対話を表したものです。（　　　）内の動詞を使用し、文脈に即して、現在完了形か過去形の形にして、下線部に入れなさい。
>
> John: Taro, I want to join a baseball club.
> Taro: Really? Do you play baseball?
> John: Yes, I do. I ＿＿＿＿＿ (start) to play baseball when I was eight years old.
> Taro: I see. You ＿＿＿＿＿ (play) it for five years. You can talk to Mr. Yamada. He is a baseball coach.
> John: Mr. Yamada? I ＿＿＿＿＿ (not meet) him before. What does he teach?
> Taro: He is a math teacher. Look. He is over there.
> John: Thank you. I will go and talk to him.

　上の例では、文脈から現在完了形と過去形のどちらを使用するかを考え、答える問題になっています。問題を作成するさい、授業で教員が行った導入をアレンジして使用すると、生徒は授業内容をヒントに答えることができます。そうすることで、生徒の授業に集中して取り組む態度の育成にもつなげることができます（3 章 15 節「現在完了形」の導入を参照）。

　空所補充の問題では、文章の中に空所のみを作り、生徒にそれを埋めさせる場合もありますが、その場合、正解になりうる内容が多岐にわたってしまうため、採点が困難になる可能性があります。そこで、上の例のように、空所ごとに使用する語のヒントを与えることで、生徒が書く内容を誘導するとともに、確認したい文法項目（この場合は現在完了形）に焦点を当てることが可能となります。

## 2.3　文完成の問題

　文完成の問題を作成するさい、ダイアログやモノローグの一部分を空所にし、文脈から判断してその空所を埋める形式を使うことができます。

## 212 第5章 英文法力の評価

問題例③（仮定法）
　次の文章の下線部に適切な英語を書き入れなさい。
**(1)**
Takeshi: Do you know that Mike bought a new game?
John:　　No, I don't.
Takeshi: I heard that it was more than 30,000 yen.
John:　　Wow. I wish _____.
Takeshi: Me, too.
**(2)**
Reiko: Why didn't you come to the party last night?
Tom:　 What? Was there a party last night?
Reiko: I called you last week and you said that you would come.
Tom:　 I wish _____.
Reiko: I am sorry.

　上の例では、様々な解答が予想されます。たとえば、(1)では（I wish）I could buy the game, too. や、（I wish）I were as rich as Mike. などが考えられますし、(2)では、（I wish）you had told me again yesterday. や、（I wish）I had been to the party. などが正解となります。このような問題形式の場合、文脈に合っており、ターゲットとなる文法を使用して正しい英文が書けていれば正解となります。また、使用する動詞などをヒントとして与えると、生徒が書く内容を絞ることができます。

## 2.4　絵や図を使用して、英文を作成する問題

　ここまで、文脈を与えたうえで、学んだ文法を使用して空所補充をさせる問題の例を挙げました。ただ、すべての問題で文脈を与えるとなると、問題の作成において、かなりの労力が必要となります。そこで、英文ではなく、絵を使用することでも、その英文が使われる場面を与えることができます。

問題例④（不定詞、動名詞）
　絵の内容を表すように、空所に入る適切な英語を解答欄に書きなさい。

2. 定期テストでの文法評価　213

①
A: Hi! Long time no see. How are you?
B:（心の中で）I don't remember (　　　). Where did I meet him? Who is he?

②
A: Go to bed soon. Don't forget (　　　).
B: OK. Mom. This TV program will be over in 10 minutes. Then I will go to bed.

【解答例】　① meeting him　② to turn off the TV

　上の例は、単にどの動詞が不定詞を目的語にとり、どの動詞が動名詞を目的語にとるかという、形式に関する知識を問うだけの問題ではなく、絵が表している状況から、不定詞と動名詞のどちらを使用するべきか、ということを考えて解答させる問題になっています。

　生徒は、考査を受けた後、見直しをするさい、学んだ文法が使用される場面について視覚的に確認することができるため、学習効果の高い問題として活用することができます。

## 2.5　選択問題

　選択問題の利点は、生徒から様々な解答が出てくることがないため、ねらいとなる文法の知識について確実に測ることができるということです。また、多くの問題を出題できることから、評価の信頼性を高めることもできます。以下に、ターゲットとなる文法項目の、文脈の中での使用についての理解度を測る選択問題の例を挙げます。

> 問題例⑤（現在形、現在進行形）
> 正しい語(句)を選び、その記号を解答欄に書きなさい。
> Nancy: Hi, Ken. What ①(ア　do you do　　イ　are you doing) here?
> Ken: I ②(ア　study　　イ　am studying) English. I ③(ア　study　　イ　am studying) here every Sunday. I ④(ア　go　　イ　am going) to New York in the summer vacation.
> Nancy: Really? My cousin ⑤(ア　lives　　イ　is living) in New York. And she ⑥(ア　is　　イ　is getting) married this summer, so I ⑦(ア　go　　イ　am going) back to the US.

【解答】　①イ　②イ　③ア　④イ　⑤ア　⑥イ　⑦イ

　上のような問題を出題することで、進行形の形式だけでなく、それがどのような場面で使用されるかについての理解を測ることができます。

## 2.6　応用問題

　定期考査では、一般的に、試験範囲の文法項目だけに焦点を当てて問題が作成されます。しかし、文法の定着は、必ずしもブロックを積み重ねるように起こるわけではないので、それまでに学んだ文法項目についても、考査ごとに繰り返し、その定着を図る必要があります。以下に、生徒が、時制、不定詞、動名詞、分詞、関係詞などをすでに学習している場合の応用問題の例を挙げます。

> 問題例⑥　応用問題
> 　次の文章を読んで、(　　)に入る最も適切な動詞を下の語群から選び、補いなさい。そのさい、必要に応じて時制や形を変えたり、前置詞や不定詞の to, 助動詞を補ったりしなさい。ただし、選択肢内の動詞は一度しか使わないこと。
> 　An American had a plan (　1　) flatboats (　2　) the temples so that when the water rose, the temples would also rise. A British scientist suggested (　3　) the temples under the water so that we could see them as in an aquarium. In November 1963 the Egyptian government (　4　) a decision.

> The plan which they finally ( 5 ) was to move the temples to a cliff 64 meters above.
>
> 語群
>
> | build | decide | leave | make | move | support |
>
> — *Crown English Course I*（平成 18 年度版），Lesson 3, "Abu Simbel" より。

【解答】 1 to build  2 supporting  3 leaving  4 made  5 decided on

　上のような応用問題を解くことは、生徒にとって、これまで学んだ文法知識を、文脈を考えながら活用する機会となるため、スパイラルな学習を促すことができます。

## 2.7　定期考査をどう指導につなげるか

　考査の前後に、以下のような活動を行うことで、さらに生徒の学びを促進することができます。

### (1)　考査前にテストを作成させる

　考査の前に、生徒にペアやグループで文法項目がどのよう場面で使用されるのかということを話し合わせることで、より定着を深めることができます。

　具体的な手順としては、まず、ターゲットとなる文法項目を箇条書きにして生徒に示し、その知識を問う問題を作成するよう、生徒に指示します。そのさい、授業で使用したワークシートや、板書の内容を利用しながら、文脈の中で使用されている英文を参考にして、問題を作成するようアドバイスをするとよいでしょう（はじめに、モデルとして、教員が作成したものを見せると効果的です）。生徒が問題を作成した後、その問題をペアやグループ間で交換させ、お互いの問題を解かせます。生徒が作成した問題をいったん集め、その中でよいものを1枚のハンドアウトにまとめて、配付してもよいでしょう。配付したものについては、それを一部改訂し、実際

の考査問題として使用すると、問題作成に対する生徒のモチベーションを高めることができます。

### (2) 考査返却前に、問題を分析させる

考査を返却するさい、すぐに返却してしまうと、多くの生徒は点数だけを見て一喜一憂してしまいます。また、解答を与えてしまうと、問題の文脈などを見直さず、解答が何であるか、ということだけを意識してしまう場合があります。そこで、返却する前に、10分から20分、ペアで、問題を見直し、分析する時間をとるとよいでしょう。特に文脈が与えられている問題では、お互いにどのようなプロセスで問題を解いたかについて話し合うことによって、文脈等を考えながら問題を見直す機会となります。このような時間を設けることで、返却後、生徒自身がどこで間違えたのかを丁寧に確認するためのレディネスを作ることが可能となります。

### (3) 考査の復習用ノートを作らせる

考査の問題については、個々の生徒が、復習の材料として活用することが不可欠です。特に、考査で出題された文法項目については、考査後、実際のコミュニケーションで使用できるようになることが目的であるので、生徒が各自できちんと問題を見直し、特に間違った問題についてはその文法の形式、意味、使用される文脈についてきちんと理解する機会を与えることが大切です。

具体的には、生徒に「間違い直しノート」を作らせるとよいでしょう。生徒にノートを用意させ、左側のページに問題のコピーを貼り、右側のページにその問題の解説を書かせるようにします。解説の内容は、なぜその解答が導き出されるのか、形式や意味、文脈について書くよう指示します。他の生徒のモデルとなるようなよいノートについては、コピーをし、教室に掲示するとよいでしょう。

## 2.8 まとめ

ここでは、ターゲットとなる文法項目が文脈の中でどのように使用されるかについての理解を問う問題の具体例と作成時の留意点を紹介しました。

このような問題を出題することで、生徒たちは、普段の授業で新たに文法項目を学習するさい、その形式と意味だけでなく、使用場面についても意識して学習するようになります。また、これまで本書で紹介してきた場面による英語での導入の意義を理解できるので、教員による英語での導入を積極的に聞き、理解しようとする態度の育成にもつながります。さらに、授業で行うコミュニケーション活動を通して、生徒は学んだ文法が実際のコミュニケーションで技能として使用できるようになるということを実感できるため、学習意欲を高めることにもつながるでしょう。

## 3 自己評価・相互評価

　定期テストのように評価情報を一度に集める一括的評価に対し、生徒による自己評価や相互評価は、小さな評価情報を継続して収集する継続的評価に分類されます(松沢、2002)。評価は一般的に教員が行うものですが、生徒が自分自身の評価をしたり、お互いに評価したりすることで、より多角的な評価が可能になります。また、特にパフォーマンス評価において自己評価や相互評価を活用することは、学習に対しても生徒によい波及効果を与えます。このセクションでは、自己評価・相互評価の特徴を概観し、それらを活用した文法評価を検討します。

### 3.1　自己評価と相互評価の特徴

　自己評価や相互評価とはどのようなものでしょうか。自己評価とは自分自身の言語能力や言語のパフォーマンスを判定する評価です(Brown, 1998)。一方、相互評価は1人(またはそれ以上)の生徒の言語や言語のパフォーマンスを他の生徒が判定する評価です(Brown)。これらの生徒による評価には、3つの利点があります。

　1つは、生徒にとって学習目標が明確になるということです。相互評価は、生徒に学習目標を認識させると言われています(Luoma, 2004)。それは自己評価も同様で、パフォーマンスや活動の前に学習目標や評価項目をあらかじめ示すことで生徒の目標意識は高まります。

2つ目の利点は、これらの評価が生徒の学習の動機づけとなることです。Orsmond, Merry & Reiling（1996）は、相互評価は生徒の学習意欲を高めると述べています。また Harata（2002）では、自己評価が生徒の自律的学習を促すことを指摘しています。他の生徒のパフォーマンスを評価という観点から見ることで、どのようなパフォーマンスがよいのか自発的に考え、学習意欲の向上につながるのです。さらに、発表者以外の生徒が評価者として授業参加することで、真剣に授業に臨むようになるとともに、インプットも増えて生徒にとってよい学習活動となるでしょう。

3つ目の利点は、生徒評価が評価に多面性を与えることです。自己・相互評価の結果を通して、生徒の課題や学習成果を知ることができるのです。それにより授業の評価や改善にもつながります。

一方、課題がないわけではありません。主な課題は評価の信頼性です。Brown（1998）もこれらの評価が主観的な評価であり、特に重要なテスト（high-stakes test）では信頼性に欠けることを指摘しています。このような長所と課題を踏まえて、自己評価・相互評価を文法評価に活用する方法を見てみましょう。ここでは新学習指導要領に基づき、教室をコミュニケーションの場にすることを念頭に置いて、生徒のパフォーマンスにおける文法の評価に焦点を当てます。

## 3.2 自己評価を活用した文法評価

パフォーマンスでの文法的正確さを自己評価する場合、自己評価の特徴を生かして生徒の動機づけとして活用したり、自分自身のパフォーマンスを振り返る形成的評価として活用するとよいでしょう。特に、自己評価は自ずと反省を促し、次の活動への動機づけや自律的学習にもつながっていくようです。一方で、いわゆる成績として活用しようとすると課題が少なくありません。自己評価が主観的になりがちで、かつ一人で行う評価だからです。また、習熟度が高い生徒は自己評価をやや低く、習熟度が低い生徒はやや高くする傾向も報告されています（Boud & Falchikov, 1989）。さらに、パフォーマンスにおける文法について細かいところまで自己評価することが難しい場合もあります。

自己評価の長所を生かしつつある程度の客観性・信頼性を確保するため

に、5章1節で紹介したチェックリストを活用してみましょう。チェックリストは、活動やパフォーマンスにおいて評価項目となる行動を自分がしたかどうかだけをチェックするので、あいまいな評価になりづらく、自己評価の課題である信頼性を高めることに貢献します。また評価項目を明示することで、その観点から自分のパフォーマンスを振り返ることも促します。では、具体的な自己チェックシートを見てみましょう。

《自己評価チェックシート例》

| 表現の能力 | 評価項目 | Self Check | Comment |
|---|---|---|---|
| 適切さ | ①相手に聞こえる声量で相手に依頼をする(または許可を得る)ことができた。 | ☐ | |
| | ②"Excuse me." などで会話を始め、"Thank you." などで終わらせることができた。 | ☐ | |
| 正確さ | ③<u>Can I ～?(許可)、またはCan you～?(依頼)</u>を使うことができた。 | ☐ | |

　このチェックシートでは自己評価がよりしやすいように、評価基準を具体的に明示しています(下線部)。評価項目の行動ができれば右の欄の □ にチェックマーク(✓)をつけます。また、振り返りを促すために、コメント欄も付けています。さらに、自己評価後にこのチェックシートを回収することにより、教員も生徒の達成度を見ることができるとともに、生徒の課題となっている項目を知ることができ、その後の授業に活用することができるので、授業評価としても使うことが可能です。

　ここで自己評価を文法の評価に使うにあたっての注意事項を2つ挙げておきます。1つは、評価の観点を事前に生徒に明示しておくことです。このことにより、生徒の学習の動機づけを高めるとともに、自律的学習を促すことができます。また、内容ばかりでなく文法などの正確さも評価されることを生徒が知っていることは学習目標を明確にするためにも大切です。2つ目は、チェックシートに評価項目をより具体的に記述することです。観

## 3.3　相互評価を活用した文法評価

　相互評価は、学習目標を明確にし、生徒の自律的学習を促す点や、やや主観的な評価であるという点など自己評価と共通する特徴を持っています。一方、自己評価にない特徴も備えています。発表者自身が一人で行う自己評価と違い、相互評価の場合は複数での評価が可能な点です。評価者が多くなることは、信頼性を高める重要な要素の一つです。また、相互評価は他者を評価するため、自己評価に比べ客観性も高まります。相互評価の信頼性や妥当性について議論はありますが、ある程度の信頼性を確保しているようです（Miller & Ng, 1996; Nakamura, 2002）。これらの相互評価の特徴を考えると、自己評価より幅の広い活用が可能なようです。具体的には、自己評価同様に生徒の学習をさらに促す形成的評価としての活用と、成績の一部として活用するミニ総括的評価としての活用が考えられます。

### (1)　形成的評価として

　形成的評価として生徒評価を取り入れる場合、ペアワークで自分のパートナーを評価したり、グループのメンバーの中で発表者と評価者に分れて相互評価したりすることが考えられます。これらの場合も、評価者は1〜3名程度だと思われますので、自己評価同様に評価項目に沿って評価しやすいチェックシートを活用するとよいでしょう。また、チェックシートに簡単なコメント欄などを付けると、生徒のリスニングの意識が高まります。自己評価では自分のパフォーマンスや学習について反省を促す傾向にあるのに対し、相互評価では気づきを促す傾向が強いようです。他の生徒の発表やパフォーマンスを見ている中で、「こうすればよかったのか」とか「こういう言い方もあるんだ」といったように発見や気づきを自然と与える機会になり、動機づけ、自律的な学習につながるのです。

### (2)　ミニ総括的評価として

　相互評価は、形成的機能のほかに、成績を決めるさいに使う評価情報を

少しずつ集めるミニ総括的評価の機能も持っています(松沢、2002)。生徒がお互いに意欲を高める相互評価の特徴を生かしながら、評価の一部としても活用するのです。その方法の1つとして、ルーブリックが活用できそうです。ルーブリックを使うことで生徒のより客観的な評価を可能にするとともに、ある程度の信頼性も確保されるからです(Fukazawa, 2008)。

相互評価をミニ総括的評価として成績の一部に使うような場合には、いくつか注意点もあります。まず、生徒が評価することを考え、ルーブリックの評価基準をより具体的に記述することです。それにより生徒は自信を持って評価を行うことができ、評価の信頼性や妥当性の向上にも寄与します。次に、評価項目数に配慮する必要があります。生徒の認知能力を考慮して、評価項目を4~5項目以内に絞るとよいでしょう(Council of Europe, 2001)。3点目として、相互評価する生徒数をある程度確保するようにします。人数が多いほど信頼性が高まるので、発表者以外の生徒全員が発表を評価したり、クラスを半分に分けて評価するとよいでしょう。4点目は、評価するパフォーマンスの種類に注意します。相互評価ではスピーチやプレゼンテーションのような発表形式のパフォーマンスの評価のほうが評価が容易です。ディベートやディスカッションのような2名以上のやりとりのあるパフォーマンスの場合、評価が複雑になり、その結果信頼性や妥当性が下がってしまうことが考えられるからです。最後に、相互評価の結果は教員評価に替わるものではなく、それを補完するものであることを忘れてはいけません。これらの点に注意して、3章14節の受動態を使ったプレゼンテーションを評価するためのルーブリックを作成してみましょう(次ページ参照)。

ルーブリックの一番下にコメント欄を設けて発表者のパフォーマンスについての感想などを記入することにより、発表者にフィードバックを与えることができます。これは相互評価ならではのメリットと言うことができるでしょう。そのさいには、コメント欄を切り取って発表者に渡しますので、建設的なコメントを心がけるように生徒へ指導します。友人からもらう発表へのコメントは、学習者にとって必ず励みとなるはずです。

文法の評価としての自己評価・相互評価は、特にパフォーマンスを評価する場合、学習目標を明確にする、生徒の動機づけを高める、自律的学習を促す、パフォーマンスの反省を促す、よりよいパフォーマンスへの気づ

《相互評価ルーブリック例》

| | 評価項目 | 1 | 2 | 3 |
|---|---|---|---|---|
| 適切さ | ①声量 | □ 声量が少なく、聞き取れないところが多い。 | □ 声量はほどほどで、大体聞き取ることができる。 | □ 声量は十分で、はっきりと聞き取ることができる。 |
| | ②表現 | □ 発表として始めの挨拶、終わりの言葉のどちらも使用していない。 | □ 発表として始めの挨拶か終わりの言葉のどちらかは使用している。 | □ 発表として始めの挨拶、終わりの言葉のどちらも使用している。 |
| 正確さ | ③文法 | □ 受動態の表現を活用することができていない。（受動態であるべき箇所で、受動態が使えていない） | □ 受動態の表現を使っているが、ミスもある。（主語とbe動詞の不一致、時制の間違いなど） | □ 受動態の表現を正しく使っている。（主語とbe動詞が一致、時制も適切） |

------------------------------------- キ リ ト リ -------------------------------------

Comment:

きを促す、など他の評価にはない長所を持っています。これらの特徴は形成的評価として生徒のさらなる英語学習につなげていくうえでとても重要な要素です。また、相互評価ではミニ総括的評価として成績の一部として用いることも可能でしょう。自己評価や相互評価の評価項目の一つとして文法を入れていくことにより、日頃の学習においてもコミュニケーションにおける表現の正確さに生徒の意識を向けさせることができることでしょう。

# 参 考 文 献

## 英語文献一覧(アルファベット順)

Boud, D. & Falchikov, N. (1989). Quantitative studies of student self-assessment in higher education: A critical analysis of findings. *Higher Education, 18*, 529–549.

Brown, J. D. (Ed.). (1998). *New ways of classroom assessment.* Alexandria, VA: Teachers of English to Speakers of Other Languages.

Celce-Murcia, M. & Larsen-Freeman, D. (1999). *The grammar book.* Boston, MA: Heinle & Heinle.

Council of Europe. (2001). *Common European framework of reference for languages: Learning, teaching, assessment.* Cambridge: Cambridge University Press.

Ellis, R. (2006). *Current issues in the teaching of grammar: An SLA perspective. TESOL Quarterly, 40*, 83–107.

Ellis, R. (2009). Implicit and explicit learning, knowledge and instruction. In R. Ellis, S. Loewen, C. Elder, R. Erlam, J. Philip and H. Reinders (Eds.), *Implicit and explicit knowledge in second language learning, testing and teaching* (pp. 3–25). Bristol, England: Multilingual Matters.

Dekeyser, R. (2007a). Introduction: Situating the concept of practice. In R. M. Dekeyser (Ed.), *Practice in a second language* (pp. 1–18). Cambridge: Cambridge University Press.

Dekeyser, R. (2007b). Skill acquisition theory. In B. VanPattern & J. Williams (Eds.), *Theories in second langue acquisition* (pp. 97–113). Mahwah, NJ: Lawrence Erlbaum Associates.

Fountas, Irene C. & Gay Su Pinnell. (2001), *Guiding Readers and Writers.* Portsmouth, NH: Heinemann.

Fukazawa, M. (2008). Validity of peer assessment of speaking performance: A case of Japanese high school students. *KATE Bulletin, 22*, 59–70.

Harata, Y. (2002). Development of self-rating scale for learner autonomy. Unpublished master's thesis, University of Akita, Akita, Japan.

Krashen, S. (1982). *Principles and practice in second language acquisition.* Oxford: Pergamon.

Luoma, S. (2004). *Assessing speaking.* Cambridge: Cambridge University Press.

McNamara, T. (2000). *Language testing*. Oxford: Oxford University Press.

Miller, L. & Ng, R. (1996). Autonomy in the classroom: Peer assessment. In R. Pemberton, E.S.L. Li, W.W.F. Or & H. D. Pierson (Eds.), *Taking control: Autonomy in language learning* (pp. 133–146). Hong Kong: Hong Kong University Press.

Nakamura, Y. (2002). Teacher assessment and peer assessment in practice. *Educational Studies, 44*, 203–215.

Orsmond, P., Merry, S. & Reiling, K. (1996). The importance of marking criteria in the use of peer assessment. *Assessment & Evaluation in Higher Education, 21*, 239–250.

Skehan, P. (1998). *A cognitive approach to language learning*. Oxford: Oxford University Press.

## 日本語文献一覧(五十音順)

国立教育政策研究所.(2012).『特定の課題に関する調査(英語:「書くこと」)調査結果(中学校)』.東京:国立教育政策研究所.

スワン,M.,ウォルター,C.(日本語版監修=髙島英幸).(2006).『オックスフォード実用英文法』.東京:オックスフォード大学出版局.

馬場哲生.(編著).(1997).『英語スピーキング論――話す力の育成と評価を科学する』.東京:河源社.

松沢伸二.(2002).『英語教師のための新しい評価法』.東京:大修館書店.

文部科学省.(2008).『中学校学習指導要領解説　外国語編』.東京:開隆堂出版.

文部科学省.(2010).『高等学校学習指導要領解説　外国語編・英語編』.東京:開隆堂出版.

## 教科書

*Crown English Course 1* (三省堂)
*Sunshine English Course 1, 2* (開隆堂出版)

# 索　　引

**〔あ行〕**

アウトプット　34, 147
暗示的知識　31–33
一般動詞　44–51, 56, 75–80
インターフェイス　31–32
　強い〜　32
　ノン・〜　31
　弱い〜　32
イントネーション　2, 37, 209
インフォメーションギャップ　12, 73, 176
インプット　21, 32–34, 37, 69, 144–145, 218
英語教育協議会　→　ELEC
『英語ノート』　9
エクササイズ　13, 35
絵や図を利用した問題　61–62, 153–155, 176–178, 201–202, 212–213
オーラル・コミュニケーション　14

**〔か行〕**

概念・機能シラバス　→　シラバス
学習指導要領　iii, 2–18, 34, 204, 209, 218
過去完了形　14, 156–163, 191–196
過去形　38, 75–80, 124–126, 128, 156, 185, 187, 191, 211
過去進行形　75–80
過去分詞　123, 126–127, 130–135, 191, 195, 197　→　cf. 分詞
仮定法　6, 14, 30, 86, 185–196, 212
　〜過去　6, 185–190
　〜過去完了　191–196
関係詞(非制限用法)　179–184
関係代名詞　92, 130, 136–141, 169–172, 173–175, 179–184
　〜の what　169–172
関係副詞　172, 173–178, 183
間接疑問文　20
完了形　14, 22–23, 124–129, 150–155, 156–162, 163–168, 191–196, 197–198, 210, 211　→　cf. 過去完了形、現在完了形
疑問代名詞　52
疑問文　20, 22–23, 28, 29, 40, 46, 47, 51, 63, 100, 125, 146, 150
強勢　2, 150, 151, 153, 154
空所補充の問題　210–211
グローバル化に対応した英語教育改革実施計画　5
形成的評価　218, 220, 222
原形不定詞　92, 144–149　→　cf. 動詞の原形、不定詞
現在完了形　22–23, 124–129, 156, 158, 163–168, 210, 211
現在完了進行形　163–168
現在形　26, 28, 44, 69, 71, 75, 124–126, 185, 210, 214
現在進行形　25–28, 69–74, 131, 163, 214
現在分詞　25, 26, 69, 98, 130–135, 144, 197–198　→　cf. 分詞
口頭導入　→　Oral Introduction
口頭練習　16–17, 28, 54, 58–59, 60, 107, 121
語学教育研究所　10, 26
国立教育政策研究所　21
コミュニケーション英語　4

〔さ行〕

最上級　→　比較表現
3 単現の -s　37–38, 44–51
使役動詞　104, 144–149
ジェスチャー　8, 52, 72–73, 77, 111, 113, 133–134
自己評価　217–220, 221–222
指示代名詞　52
自動化　28, 32
習慣形成（habit formation）　29
受動態　23, 118–123, 127, 131, 221–222
助動詞　11, 56–68, 150–155, 185, 191, 206　→　cf. can, could, have to, might, must, should, would
〜＋完了形　150–155
シラバス（Syllabus）　6, 8–9, 34
　概念・機能〜（Notional-functional 〜）　8–9
　場面〜（Situational 〜）　8–9
　文法〜（Grammatical 〜）　8–9, 34
　話題〜（Topic 〜）　8–9
進行形　iii, 11, 23, 25–28, 38, 69–74, 75–80, 98, 131, 163–168, 214　→　cf. 過去進行形、現在進行形
接続詞　25, 86–87
宣言的知識　31–33　→　cf. 明示的知識
選択問題　213–214
総括的評価　→　ミニ総括的評価
相互評価　217–218, 220–222

〔た行〕

代名詞　41, 52–55
タスク　33, 35
タスク中心教授法（Task-based Language Teaching）　35
単純形現在　→　現在形
チェックリスト　205–209, 219
知覚動詞　104, 144–149

中間言語　13, 32, 33
定期テスト　204, 210–217
ティームティーチング　64, 111
手続き的知識　31–33　→　cf. 暗示的知識
動詞の原形　23, 69, 107, 144　→　cf. 原形不定詞、不定詞
動名詞　23, 24, 95, 98–103, 212–213, 214
ドリル　iv, 9, 32, 33, 35, 79, 118

〔な行〕

人称代名詞　52, 179
ノンバーバル・コミュニケーション　8

〔は行〕

パタンプラクティス　11, 12, 29, 33
パフォーマンス評価　204–209, 217
比較級　→　比較表現
比較表現　110–117
非制限用法　→　関係詞（非制限用法）
否定文　28, 29, 46–47, 51, 63, 150
フォーカス・オン・フォーム　→　Focus-on-Form
不規則動詞　38, 75, 78, 123, 127
不定詞　23, 24, 92–97, 144–149, 212–213, 214　→　cf. 原形不定詞、動詞の原形
文完成の問題　211–212
文型　8, 44, 104–109, 144
分詞　23, 25, 26, 69, 98, 123, 126–127, 130–135, 144, 191, 195, 197–198, 214　→　cf. 過去分詞、現在分詞
分詞構文　25, 197–202
文法シラバス　→　シラバス

〔ま行〕

ミニ総括的評価　220–222
虫食い音読　23
明示的知識　31–33

メタ言語　25
模倣記憶練習（mimicry-memorization practice, mim-mem）　29

〔ら行〕
リキャスト（recast）　37–38
リハーサル　17, 23, 25
ルーブリック　205–206, 208–209, 221–222

〔欧文〕
be 動詞　26, 28, 40–43, 50, 56, 69, 71, 75–80, 98, 222
can　56–62, 63, 150, 185, 206–207, 219
could　150–151, 154, 185, 195, 208
ELEC（英語教育協議会）　28
Ellis, Rod　31–32, 34
Focus-on-Form　34
Focus on Forms　34
Focus on Meaning　34
Fries, Charles C.　28
habit formation　→　習慣形成
have to　59, 63–68

*Hi, Friends!*　9
might　150, 185, 195
mimicry-memorization practice〔mim-mem〕　→　模倣記憶練習
must　59, 63–68, 150–151, 154
OC-G　14
Oral Approach　28–30
Oral Introduction（口頭導入）　18, 26–27
Oral Method　18, 25–28
Palmer, Harold E.　10–11, 18, 26
recast　→　リキャスト
should　63–68
SVC　104–109
SVOC　104–109, 144–145
SVOO　104–109
Syllabus　→　シラバス
Task-based Language Teaching　→　タスク中心教授法
There 構文　81–85
to 不定詞　→　不定詞
Twaddell, William F.　29
what　→　関係代名詞の what
would　185, 195

# 編著者・執筆者紹介

## ●編著者

**卯城　祐司**(うしろ　ゆうじ)──編集および第1章(1, 2節)、第2章(3, 4節)担当

　北海道教育大学旭川校教育心理学科卒業。在学中、文部省派遣により米国南イリノイ大学心理学科に留学。北海道の公立高等学校3校の教諭として勤務の間、現職派遣として筑波大学大学院教育研究科修了。北海道教育大学釧路校助教授、筑波大学助教授などを経て、現在、筑波大学人文社会系教授。博士(言語学)。全国英語教育学会会長、小学校英語教育学会会長。前関東甲信越英語教育学会会長、前 TESOL Quarterly 編集諮問委員。専門は、英語教授法全般、リーディングおよび第二言語習得。著書に、『英語リーディングの科学──「読めたつもり」の謎を解く』(編著・研究社)、『英語で英語を読む授業』(編著・研究社)、『英語リーディングテストの考え方と作り方』(編著・研究社)、『リテラシーを育てる英語教育の創造』(共著・学文社)、*The Routledge encyclopedia of language teaching and learning* (2nd ed.).(分担・Routledge)、『小中連携 Q&A と実践──小学校外国語活動と中学校英語をつなぐ40のヒント』(共編著・開隆堂出版)、『改訂版　新学習指導要領にもとづく英語科教育法』(共著・大修館書店)、文部科学省検定済高校教科書 *ELEMENT English Communication I, II, III*(代表・啓林館)、同中学校教科書 *Sunshine English Course 1, 2, 3*(共著・開隆堂出版)などがある。

## ●執筆者

**江原　一浩**(えはら　かずひろ)──第4章(2, 8, 9節)担当

　明治学院大学卒業。米国コロンビア大学ティーチャーズ・カレッジ修士課程修了(TESOL)。米国テンプル大学大学院応用言語学博士課程(博士取得)。筑波大学附属高校教諭。東京外国語大学非常勤講師。*The effects of types of question on EFL learners' reading comprehension scores*(ProQuest UMI、博士論文)。著書に、文部科学省検定済高校教科書 *Power On Communication English I, II, III*(共著・東京書籍)、『*Power On Communication English I, II*　英語による授業指導展開例・ハンドアウト集』(東京書籍)、『英語指導技術ガイド Q&A』(共著・開拓社)などがある。

**久保野　雅史**（くぼの　まさし）──第 1 章（3 節）、第 2 章（1, 2 節）、第 3 章（12 節）、第 4 章（1 節）担当

　筑波大学第一学群人文学類（英語学専攻）卒業。神奈川県立外語短期大学付属高等学校、筑波大学附属駒場中・高等学校を経て、現在は神奈川大学外国語学部英語英文学科准教授。著書に、『英会話・ぜったい音読　入門編』（共著・講談社インターナショナル）、『教科書だけで大学入試は突破できる』（共著・大修館書店）、『英語授業ハンドブック　高校編』（共編著・大修館書店）、『学習英文法を見直したい』（共著・研究社）、『英語指導技術ガイド Q&A』（共著・開拓社）、文部科学省検定済中学校教科書 Sunshine English Course 1, 2, 3（共著・開隆堂出版）などがある。

**久保野　りえ**（くぼの　りえ）──第 3 章（4, 7, 8, 10 節）担当

　東京外国語大学スペイン語学科卒業。東京都江戸川区立南葛西中学校に 6 年間勤務した後、現在、筑波大学附属中学校教諭。東京外国語大学非常勤講師。語学教育研究所パーマー研究グループ主任研究員。2004 年度語学教育研究所パーマー賞受賞。著書に、『英語指導技術ガイド Q&A』（共著・開拓社）、『学び続ける教師のための学習指導の基礎技術と実践』（共著・東洋館出版社）がある。

**末岡　敏明**（すえおか　としあき）──第 3 章（1, 9, 16, 17 節）担当

　東京学芸大学卒業。14 年間都立高校に勤務。1999 年から筑波大学附属駒場中・高等学校に勤務。また、同年に東京学芸大学大学院教育学研究科修士課程に入学、翌年修了。2008 年より東京学芸大学附属小金井中学校に勤務。著書に、文部科学省検定済教科書 TOTAL ENGLISH（共著・学校図書）、『学習英文法を見直したい』（共著・研究社）などがある。

**平原　麻子**（ひらはら　あさこ）──第 3 章（3, 5, 6, 14 節）担当

　上智大学外国語学部卒業。東京大学大学院総合文化研究科修了。私立女子中高教諭・日本語教師・国立中学教諭を経て、現在、筑波大学附属駒場中・高等学校に勤務。英語授業研究学会理事。主な研究論文に第 9 回英検研究助成・実践部門「生徒にとって意味のあるコミュニケーション活動と継続したゲーム指導の展開」。著書に、『すぐれた英語授業実践』（共著・大修館書店）、『英語授業ハンドブック　高校編』（共著・大修館書店）がある。

**深澤　真**（ふかざわ　まこと）──第 4 章（5, 6, 7 節）、第 5 章（1, 3 節）担当

　中央大学卒業。米国 Saint Michael's College 大学院修了（MATESL）。筑波大学大学院教育研究科（2006 年度現職教員 1 年制プログラム）修了（教育学修士）。茨城県立竹園高校など公立高校で 20 年間の勤務を経て、現在、茨城大学人文学部准教授。受賞

歴に第 21 回英検研究助成・研究部門入賞「スピーチにおける生徒相互評価の妥当性——項目応答理論を用いて」、著書に『英語で英語を読む授業』(共著・研究社) がある。

**松下　信之**(まつした　のぶゆき)——第 4 章 (3, 4, 10 節)、第 5 章 (2 節) 担当

　大阪外国語大学卒業。在学中 (2000–2001 年) ノーザンアイオワ大学留学 (TESOL)。大阪府立勝山高等学校を経て、現在、大阪府立高津高等学校教諭。著書に、文部科学省検定済高校教科書 *ELEMENT English Communication I, II, III* (編著・啓林館)、『英語で英語を読む授業』(共著・研究社)、『英語授業ハンドブック　高校編』(共著・大修館書店)、『英語リーディングテストの考え方と作り方』(共著・研究社) などがある。

**山岡　大基**(やまおか　たいき)——第 3 章 (2, 11, 13, 15 節) 担当

　広島大学大学院教育学研究科修了 (修士 (教育学))。滋賀県立高等学校、広島大学附属福山中・高等学校を経て現在は広島大学附属中・高等学校教諭。著書に、『平成 24 年版　観点別学習状況の評価規準と判定基準　中学校外国語』(共著・図書文化社)、『学習英文法を見直したい』(共著・研究社)、『英語テストづくり＆指導　完全ガイドブック』(共著・明治図書) などがある。

### KENKYUSHA
〈検印省略〉

英語で教える英文法──場面で導入、活動で理解

2014 年 6 月 30 日　初版発行

| | |
|---|---|
| 編著者 | 卯城祐司 |
| 発行者 | 関戸雅男 |
| 発行所 | 株式会社　研究社 |

　　　　〒102–8152　東京都千代田区富士見 2-11-3
　　　　電話　03 (3288) 7711 (編集)
　　　　　　　03 (3288) 7777 (営業)
　　　　振替　00150–9–26710
　　　　http://www.kenkyusha.co.jp/

印刷所　研究社印刷株式会社

装幀　廣瀬亮平

ISBN 978–4–327–41085–8　C3082　　Printed in Japan